MANIFIESTA TU PODER
PARA UN CAMBIO CUÁNTICO

LIBROS Y VIDEOS PARA ESTUDIAR A DISTANCIA CREADOS POR CHLOE FAITH WORDSWORTH

Visita la página: ResonanceRepatterning.com
con video para estudiar a distancia están disponibles en línea (en inglés)

La serie de Resonance Repatterning®

- Los fundamentos de Resonance Repatterning
  (con video para estudiar a distancia "De la A a la Z de la verificación muscular", disponible por lo pronto sólo en inglés)
- ¡Asciende en espiral! 127 opciones energetizantes para realizar tu potencial ahora
  (con video para estudiar a distancia: la autora demuestra cómo se hacen todas las opciones energetizantes, disponible por lo pronto sólo en inglés)
- Transformación de patrones primordiales
- Transformación de patrones inconscientes
- Guía del proceso de Resonance Repatterning
- Transformación de patrones de los chakras
  (con video para estudiar a distancia, disponible por lo pronto sólo en inglés)
- Transformación de patrones de los cinco elementos y de los meridianos
- El desarrollo interior a través de los doce meridianos
  (con video para estudiar a distancia, disponible por lo pronto sólo en inglés)
- Principios de la relaciones
  (con video para estudiar a distancia, disponible por lo pronto sólo en inglés)
- Tu vista / visión a través del movimiento, los recuerdos y la luz
- La energética de las relaciones
  (con video para estudiar a distancia, disponible por lo pronto sólo en inglés)

La serie Vivir en sintonía

- Vivir en sintonía con tu luz
- Vivir en sintonía con tu corazón
- Vivir en sintonía con tu vida

Libros de Resonance Repatterning®

- Un sistema para el cambio cuántico

LAS SERIES DE RESONANCE REPATTERNING®

MANIFIESTA TU PODER

PARA UN CAMBIO CUÁNTICO

La Introdución al SISTEMA RESONANCE REPATTERNING®

CHLOE FAITH WORDSWORTH

Fundadora y Creadora del Sistema de Resonance Repatterning®

Resonance Publishing

La información contenida en este libro es para propósitos educativos y de investigación únicamente. La autora no presenta ninguna parte de su trabajo para diagnosticar o evaluar una enfermedad o condición alguna. Se aconseja a las personas que usen la información de este libro o que reciban sesiones de *Resonance Repatterning*® por parte de otras personas, que consulten a un especialista respecto a cualquier asunto relacionado con su salud física y mental.

Es responsabilidad de quienes atiendan a los seminarios de *Resonance Repatterning*® utilizar este material de acuerdo con las leyes de su estado o país.

Secunda Edición 2010
25 24 23 8 7 6 IV III II

ISBN 978-1-937710-54-5

CONTENIDO

LO QUE VAS A APRENDER

Todos tenemos el poder para ser seres extraordinarios en cada área de nuestra vida. El hecho de ser extraordinarios tiene que ver con la calidad de quienes somos, del corazón que pongamos en cada interacción en nuestras relaciones, así como en la calidad que aportemos a todo lo que hagamos. Vivir una vida extraordinaria significa ser lo que somos por naturaleza propia cuando nuestras pulsaciones de frecuencia están sintonizadas o alineadas entre sí, es decir: tener una sensación innata de seguridad, de expresión creativa, de confianza en nosotros mismos, de poder tomar decisiones, de dar y recibir amor, de vivir con un propósito espiritual, y de tener la actitud optimista hacia la vida de que todo es posible. Cuando expresamos estas cualidades logramos un estado de felicidad y bienestar físico y mental.

Este libro, MANIFIESTA TU PODER PARA UN CAMBIO CUÁNTICO, apoya lo que vas a aprender en el seminario Manifiesta Tu Poder. Te da las bases de *Resonance Repatterning*: cómo usar este proceso preliminar de auto ayuda día con día para que vivas y te relaciones desde un estado energético superior de coherencia, y comiences a manifestar las cualidades necesarias para vivir una vida extraordinaria.

Los otros libros y seminarios de *Resonance Repatterning*: LOS FUNDAMENTOS DE RESONANCE REPATTERNING, TRANSFORMACIÓN DE PATRONES PRIMORDIALES, TRANSFORMACIÓN DE PATRONES INCONSCIENTES, TRANSFORMACIÓN DE PATRONES DE LOS CHAKRAS, TRANSFORMACIÓN DE LOS PATRONES DE LOS CINCO ELEMENTOS Y LOS MERIDIANOS. Así como los libros y seminarios avanzados de *Resonance Repatterning*: DESARROLLO INTERIOR A TRAVÉS DE LOS DOCE MERIDIANOS, LOS PRINCIPIOS DE LAS RELACIONES, UNA NUEVA VISIÓN y LA ENERGÉTICA DE LA RELACIÓN – todos estos te llevan por una travesía de auto transformación a través de sencillos pasos con los que lograrás la fuerza para tener un control de tu vida y vivir con alegría al máximo potencial de quien eres.

Al asistir a los seminarios y usar los libros, vas a apoyar tu proceso de auto sanación; al mismo tiempo, en los seminarios vas a aprender el Sistema de *Resonance Repatterning* paso a paso, en ti y en los demás, y te podrás preparar para certificarte como facilitador de *Resonance Repatterning,* en caso de que esta sea tu decisión.

En el seminario MANIFIESTA TU PODER, como en este libro, vas a recibir la introducción a las cuatro Llaves del Mandala de *Resonance Repatterning* y se te va a enseñar a usarlas para crear un cambio extraordinario en tu vida:

- **Orientación** En qué consiste la orientación y cuál es el efecto que produce en tu habilidad para manejar situaciones estresantes y cómo te relacionas con los demás, así como el aprendizaje para mantenerte orientado en cualquier situación de estrés.

- **Problemas a Oportunidades** De qué manera los efectos de tus problemas drenan tu energía y cómo transformar tus respuestas de estrés en relajación. Descubrir cómo te puedes abrir hacia la oportunidad de cada problema, lo que te conduce a una mayor conciencia y al cambio positivo.

- **La Intención para una Nueva Posibilidad** Todos los logros, ya sean grandes o pequeños, comienzan con una intención positiva. Esta introducción a la Llave de la Intención te muestra cómo crear y estar en resonancia con las intenciones para nuevas posibilidades y para construir un campo de atracción para el cambio extraordinario.

- **Modalidades para un Cambio Cuántico** Las Modalidades te enseñan a usar el sonido, la luz y el color, el movimiento, la respiración y el contacto energético para darle energía a tu sistema cuerpo-mente. La verificación muscular te permite descubrir la Modalidad exacta que necesitas en cualquier situación para crear un cambio positivo.

Además de estas cuatro Llaves, vas a aprender acerca del principio fundamental sobre el que se basa el sistema de *Resonance Repatterning®* – la **coherencia** – y la manera para decidir rápida y conscientemente el dejar las frecuencias no-coherentes que te producen preocupación y sufrimiento y optar por las frecuencias coherentes de la felicidad y el bienestar.

Este seminario de MANIFIESTA TU PODER te introduce a dos aspectos del sistema de biorretroalimentación de tu mente y de tu cuerpo:

1. Tu propia **respuesta al *sentido del sentir* de la biorretroalimentación** del cuerpo-mente y cómo utilizar esta respuesta del sistema nervioso autónomo para tu beneficio.

2. Tu propia **respuesta muscular de biorretroalimentación** – conocida como verificación muscular o verificación de la coherencia. Esta herramienta te da la habilidad para determinar lo que necesitas para sintonizar tus frecuencias y lograr un bienestar del cuerpo y de la mente.

El cambio positivo no es algo que esté fuera de ti; está dentro.
La situación externa nunca es el problema;
es tu resonancia con las frecuencias alineadas o desordenadas
las que determinan tu experiencia.

En los seis seminarios básicos de *Resonance Repatterning* se te enseña cómo identificar tu resonancia con las frecuencias desordenadas que crean "contaminación acústica" en tu vida y en tus relaciones y que te impiden estar en resonancia con las frecuencias coherentes de alta vibración. Estos seis seminarios, y sus libros, ponen en claro que siempre estamos en un **Punto de Elección** para transformar nuestra resonancia con cualquier frecuencia desordenada (que se percibe como problemas con nosotros mismos o con nuestra vida) y para elegir, en cambio, estar en resonancia con manifestar nuestra naturaleza esencial y fortalecida (que se vive como una vitalidad de alto nivel, alegría, optimismo, confianza y placer dentro de nosotros mismos y de nuestras relaciones).

El Sistema de *Resonance Repatterning* te enseña cómo hacer que este Punto de Elección exprese la luz de tu conciencia y el poder de quien eres en cada aspecto de tu vida.

El seminario de MANIFIESTA TU PODER es el comienzo de la travesía de *Resonance Repatterning* hacia la alineación de nuestra energía para poder expresar la calidad de nuestro corazón, que nos llevará a vivir una vida extraordinaria. Tengo la esperanza de que vas a disfrutar el uso de las cuatro Llaves de *Resonance Repatterning* y la herramienta de la verificación muscular que se te enseña en este primer seminario y que encuentres un bienestar en tu cuerpo y en tu mente: ¡la base para cambios extraordinarios!

Una vez que hayas tomado la serie básica de *Resonance Repatterning:* LOS FUNDAMENTOS DE RESONANCE REPATTERNING, TRANSFORMACIÓN DE PATRONES PRIMORDIALES, TRANSFORMACIÓN DE PATRONES INCONSCIENTES, TRANSFORMACIÓN DE PATRONES DE LOS CHAKRAS y TRANSFORMACIÓN DE PATRONES DE LOS CINCO ELEMENTOS Y DE LOS MERIDIANOS, utilizarás los manuales de los seminarios para las sesiones que te hagas a ti mismo/a y a otros.

Hemos integrado los materiales del seminario MANIFIESTA TU PODER al Libro 1: LOS FUNDAMENTOS DE RESONANCE REPATTERNING. MANIFIESTA TU PODER te proporciona una introducción a *Resonance Repatterning* para que puedas decidir si deseas avanzar y profundizar en cambiar tu resonancia con cualquier problema o dolor que puedas estar experimentando y ayudar a otros a hacer lo mismo.

Chloe Faith Wordsworth
Scottsdale, Arizona
Agosto 2010

EL SISTEMA

¿QUÉ ES RESONANCE REPATTERNING®?

Todo es energía o frecuencias vibrantes –
cada pensamiento, sentimiento, cada palabra que articulas,
y cada órgano y tejido de tu cuerpo.
Tus frecuencias pueden estar en sincronía (coherente)
unas con otras, lo cual te da energía;
o pueden estar fuera de sincronía (no-coherente)
unas con otras, lo cual agota tu energía.

Resonance Repatterning identifica las frecuencias que están fuera de sincronía en ti y las sincroniza de nuevo unas con otras.
Una vez en sincronía, tienes un caudal natural de amor en tus relaciones,
logras tus posibilidades,
te sientes contento y saludable,
y sientes que tu vida tiene un propósito y un significado.

El sistema de *Resonance Repatterning*®
te ayuda a mantener
un estado natural de bienestar o coherencia
y a alcanzar estados superiores de coherencia –
dependiendo de cuánta vitalidad, amor y crecimiento quieras.

EL MANDALA DE RESONANCE REPATTERNING®

- (**vm**) ¿Se necesita Orientación? Si es *(on)* ve a la página lila *(p.7)*
- (**vm**) ¿Se necesita ir a Problemas a Oportunidades? Si es *(on)* ve a la página rosa *(p.17)*
- (**vm**) ¿Se necesita la Intención? Si es *(on)* ve a la página verde *(p.33)*
- (**vm**) ¿Se necesita ir a Modalidades? Si es *(on)* ve a la página azul *(p.39)*

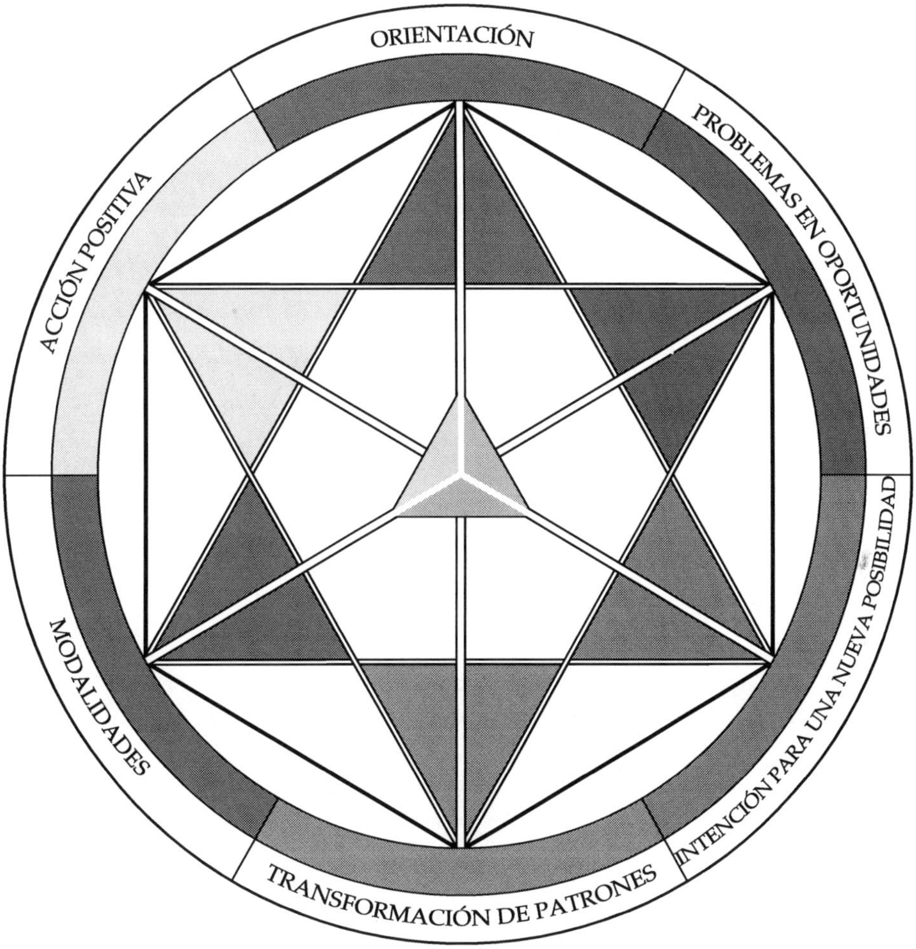

PARA ENTENDER EL FORMATO DE LOS MANUALES DE RESONANCE REPATTERNING

En todos los manuales de *Resonance Repatterning* usamos el mismo sistema de abreviación para ayudarte a entender las instrucciones. Con la práctica, la comprensión del significado de estas abreviaciones se irán haciendo automáticas gradualmente.

(**vm**)

(**vm**) indica que necesitas **v**erificar **m**uscularmente (**v–m**). Cuando veas (**vm**), te dice que tienes que verificar muscularmente aquello que va a traer una mayor coherencia. (**vm**) se usa para elegir la Modalidad, o una de las otras Llaves del Mandala que va a sincronizar tus frecuencias y traerá, como resultado, un mayor bienestar. *La manera de llevar a cabo la verificación muscular de la coherencia se adquiere rápidamente, se dirige a la necesidad primordial directamente y es verificable. El* sentido del sentir *es un aspecto diferente de retroalimentación del sistema cuerpo-mente, el que te sintoniza con el efecto que cualquier cosa tiene sobre tu cuerpo y tus emociones. Hasta que no hayas aprendido la respuesta muscular, usarás tu* sentido del sentir *en su lugar.*

(•)

Los enunciados o palabras dentro de un paréntesis, divididas por un punto negro (•), te ofrecen varias opciones. Verifica muscularmente para descubrir cuál de las opciones se requiere.

A. B. C.

Las letras mayúsculas siempre se emplean para las secciones que necesitas verificar en secuencia, aunque algunos incisos no se requieran.

a. b. c.

Las letras en minúscula te dicen que necesitas verificarlas en secuencia. Estas minúsculas siempre indican que se va a necesitar una o más de ellas, o quizás todas.

{1–7}

Los números dentro de paréntesis indican que hay una lista de opciones que necesitas verificar para encontrar la opción primordial. En el caso de los incisos **numerados,** harás sólo **uno**.

Identifica el que se necesita, diciendo y verificando: "¿Se necesita del 1 al 5? ¿del 6 al 10? ¿del 11 al 15?" Una vez que hayas localizado el rango, por ejemplo, del 11 al 15, entonces (**vm**) el número exacto: "¿Se necesita el 11? ¿el 12?", etc.

Ve a la p.7

Este aviso te dice que **tienes que** ir a la página indicada para completar la sección en la que estás.

Info p.7

Este aviso te indica que puedes encontrar más información acerca de la sección en la que te encuentras, que te puede resultar interesante y positiva; no se requiere para completar la sección, pero a menudo te ofrece datos importantes.

Itálicas

Las letras *en itálicas* te dan información acerca de la sección en la que te encuentras, o te guían a través de los pasos en los que estás. [O son palabras que no se traducen del inglés.]

ORIENTACIÓN

(Intro p. 11)

A. Lee el siguiente resumen de Orientación

- Para que pueda ocurrir cualquier cambio que enriquezca tu vida, necesitas orientarte en la dirección del amor hacia ti y hacia los demás.
- Cuando estás orientado, te sientes seguro, mantienes tu equilibrio durante situaciones estresantes y estás alerta para enfrentar cualquier amenaza de peligro.
- Cuando estás desorientado, tiendes a sentirte limitado e inseguro; te es difícil o imposible continuar en la dirección que enriquece tu vida y te da energía.
- Además, cada esfuerzo exitoso depende de una atención enfocada, la que se dispersa cuando estás desorientado.

B. Identifica la desorientación que está involucrada

Haz {a–c} en secuencia.

a. Mira la lista de acciones de desorientación *Ve a la p.11 y sigue las instrucciones.*

b. Mira la lista de sentimientos de desorientación *Ve a la p.12 y sigue las instrucciones.*

c. Verifica tu respuesta a la desorientación con tu *sentido del sentir*

Cierra los ojos. Pon atención a (*nombra la acción y el sentimiento de desorientación*); observa la respuesta de tu cuerpo y lo que sientes:

- ¿Dónde sientes tensión en respuesta a (*nombra la acción y el sentimiento de desorientación*)?
- ¿Cómo sientes tu respiración?
- ¿Estás consciente de otro sentimiento negativo?

C. Identifica la Modalidad que necesitas para recobrar tu orientación natural

Haz {a–b} en secuencia.

a. (vm) ¿Necesito una Modalidad Energizante?

Si no se necesita una Modalidad Energizante, ve a {b} más abajo.

- (**vm**) {1–7} más abajo la Modalidad Energizante y hazla.
- (**vm**) ¿Está completa esta Modalidad?

Modalidades Energizantes

1. Sacudir el cuerpo (SNS) 51
2. Movimiento libre 51
3. Marcha cruzada para integrar el cerebro 52
4. Agua 56
5. Zip-Ups 61
6. Tirar de los dedos 62
7. Respiración por el orificio nasal izquierdo *(anulom-viloma)* 57

b. (vm) ¿Necesito una Modalidad Relajante?

- (**vm**) {1–7} la Modalidad Relajante y hazla.
- (**vm**) ¿Está completa esta Modalidad?

Modalidades Relajantes

1. Pausa para centrarse 43
2. Postura de corazón abierto 54
3. Gancho de Cook para calmar 54
4. Asentir con la cabeza 55
5. Golpeteo sobre el timo 59
6. Pegar la lengua al paladar 60
7. Respiración para la tensión mental *(bhramari)* 58

D. Vuelve a verificar tu respuesta con tu *sentido del sentir*

Cuando hayas terminado la/s Modalidad/es, cierra los ojos y piensa en (*nombra la acción y el sentimiento desorientado*). Observa cualquier cambio en tu *sentido del sentir*:

- ¿Te sientes más relajado?
- ¿Respiras con mayor facilidad?
- ¿Notas algún cambio en tus sentimientos?

Los cambios positivos que observas confirman que las frecuencias de tu cuerpo-mente-emociones ya están sincronizadas o, lo que nosotros llamamos, coherentes. Si no observas mucho cambio, quiere decir que probablemente necesites otra Llave del Mandala.

E. Regresa al Mandala de *Resonance Repatterning* *Ve a la p.3*

(**vm**) ¿Se necesita otra Llave?

INFORMACIÓN ACERCA DE LA ORIENTACIÓN

A. Resumen de la Orientación

Incluso al leer lentamente el resumen de la Orientación en voz alta, se obtiene un efecto orientador. A veces, es necesario leer sólo una parte del resumen. Utiliza tu *sentido del sentir* o (**vm**) para elegir la parte que se necesita leer.

B. La desorientación involucrada

Ahora identifica las acciones y sentimientos no-coherentes que son resultado de tu desorientación o que la están causando. A continuación hay una lista de acciones desorientadas {a} y sentimientos {b} para que tú elijas.

> **El primer paso para orientarte**
> **es reconocer que estás desorientado.**
> **Las acciones y los sentimientos desorientados**
> **son señal de desorientación.**

a. **Acciones desorientadas** *Info p. 7 B. a*

- Puedes **recorrer con la vista** la lista de acciones desorientadas {1–6} y observar con cuál de ellas te identificas o reconoces en ti mismo.
- O puedes (**vm**) {1–6} para encontrar el enunciado primordial de la acción involucrada en tu estado de desorientación.
- Anótalo.

1. Me precipito de una acción o proyecto a otro, sin poder bajar el ritmo o establecer un orden de prioridades.
2. Necesito (drogas • alcohol • tabaco • café • azúcar • comida • películas • leer novelas • sexo • jugar en la computadora) para poderme relajar, calmarme o sentirme mejor.

3. Siento estrés, tensión o ansiedad por los nuevos comienzos – (empezar un nuevo proyecto • entrar a un nuevo grupo • conocer a alguien • levantarme por la mañana • comenzar una nueva etapa del día).
4. (No puedo dejar de hablar • Hablo demasiado rápido • Soy incapaz de escuchar a los demás • No oigo lo que dicen los demás).
5. Me es difícil mantenerme calmado para manejar una situación desafiante de una manera apropiada.
6. Busco la aprobación de los demás para todo lo que hago.

b. Sentimientos de desorientación *Info p. 7 B. b*

- Puedes **recorrer con la vista** la lista de sentimientos de desorientación {1–8} y observar con cuál de ellos te identificas o reconoces en ti mismo.

- O, puedes (**vm**) {1–8} para encontrar el enunciado primordial del sentimiento involucrado en tu estado de desorientación.

- Anótalo.

1. Me siento (disgustado • confundido • indispuesto • ansioso • inseguro).
2. Pierdo la confianza en mí mismo y en mi habilidad para crear y lograr algo nuevo o positivo en mi vida.
3. Me siento (abrumado • distraído • separado • con la necesidad de dormir demasiado).
4. Aunque duerma lo suficiente, me siento cansado.
5. Me siento (sobrecargado emocionalmente • impaciente • a la defensiva • irritable • enojado • hipersensible • apanicado).
6. Me siento incómodo en situaciones (sociales • de trabajo).
7. Me da ansiedad (pensar en el evento que se aproxima • estar en un nuevo ambiente • estar en un grupo).
8. (Me siento desconectado del amor • No me siento querido, ni cariñoso • Me siento excluido).

c. **La respuesta del *sentido del sentir*** *Info p. 7 B. c.*

Es importante aprender a conectarte con la respuesta de tu cuerpo ante el *sentido del sentir*. Nuestras respuestas corporales nos mandan mensajes, generalmente sutiles, tales como tensión, ansiedad en el estómago, quijada apretada, manos sudorosas; respiración bloqueada, colapsada o rápida. Cuando reconocemos estos mensajes, tenemos la opción de transformar el problema que causa nuestro estrés físico a través de una o más Llaves de *Resonance Repatterning*. Entonces, nuestro *sentido del sentir* mejora de inmediato con una respuesta de relajación: con risa, confianza en que podemos manejar una situación desafiante, con un suspiro, con músculos relajados.

C. La Modalidad de la Orientación *Info p. 8 C.*

- Esta lista específica de Modalidades energizantes y calmantes son un recurso maravilloso para usarlo cuando te sientas desorientado. Puedes hacer cualquiera de estas Modalidades durante el día para mantenerte orientado y "presente".

- Tu verificación muscular te va a ayudar a escoger la Modalidad exacta que necesites para crear un nuevo sentido de orientación y bienestar.

CUATRO PASOS FÁCILES PARA SUPERAR LA DESORIENTACIÓN EN TU VIDA COTIDIANA

Toma conciencia de la situación que te desorienta
El hecho de sentirte desorientado te está diciendo que tus frecuencias no están en sincronía o coherentes.

1. **Observa tu *sentido del sentir***
   ¿Cómo se está manifestando tu desorientación? Observa cómo las frecuencias de tu desorientación se sienten como una respuesta física y emocional tangible: advierte cómo te sientes, qué parte se ha tensado o cómo ha cambiado tu respiración. Observa tu respuesta del *sentido del sentir* antes de ir a una fiesta o a una entrevista de trabajo para que puedas cambiar la manera en la que te sientes y, por lo tanto, el resultado de la situación a la que te enfrentas.

2. **Recupera tu orientación natural con una Modalidad**
   (**vm**) ¿Necesito una Modalidad (Energizante • Calmante)? *Ve a la página lila de Modalidades para la Orientación, p.7 {C}. Info p. 8 {C}.*

3. **Vuelve a verificar la respuesta de tu cuerpo con el *sentido del sentir***
   Después de terminar la Modalidad, observa la respuesta de tu *sentido del sentir*, la que te dirá si ya estás orientado, y si tus frecuencias están sincronizadas y coherentes. Si fuera necesario, haz otra Modalidad.

4. Si te desorientas estando en un lugar público, y sientes que no puedes verificar muscularmente una Modalidad, podrías hacer alguna de las siguientes Modalidades para recobrar tus frecuencias energéticas sin verificar muscularmente:
   - **Respira** lenta y regularmente mientras mantienes una postura erguida y alineada. Esto te va a ayudar a liberar el estrés y a recuperar la confianza.

- **Coloca la lengua en el paladar** para integrar tus hemisferios cerebrales.
- **Haz unos Zip-Ups discretos** para fortalecer el sistema energético de tus Meridianos.
- **Masajea tus dedos** para equilibrar tu sistema energético.

MANIFIESTA TU PODER

Utiliza las poderosas Modalidades de Orientación
durante el día –
antes de una situación desafiante,
cuando te sientas estresado o abrumado,
antes de comenzar un nuevo proyecto,
o como una manera positiva de comenzar el día.

Observa la diferencia que hacen estas simples
Modalidades de Orientación
en ti y en tu vida.

PROBLEMAS EN OPORTUNIDADES

A. Lee el siguiente resumen de Problemas en Oportunidades

- Un problema es un síntoma o una situación que no quieres; algo que ves como desagradable, doloroso o estresante.
- De hecho, un problema es un punto de inestabilidad: el 'bamboleo' natural entre la coherencia y la no-coherencia, entre el orden y el caos. Cada problema te invita a descubrir la oportunidad escondida y el potencial creativo que te ofrece.
- Cuando tus frecuencias se sincronizan, automáticamente tienes una nueva perspectiva más positiva y puedes manejar tu problema desde un lugar de fuerza interior.

B. Identifica el problema *Info p.19*

Haz {a–c} en secuencia.

a. Identifica el problema
Pregúntate: "¿Qué problema estoy enfrentando en este momento?"
Expresa siempre el problema en tiempo presente y con sentido negativo. Por ejemplo: "Me duele la cabeza" o "Estoy enojado con (__)."

b. Identifica el sentimiento negativo
Pregúntate: "¿Qué sentimiento negativo está asociado con mi problema?"
Por ejemplo: "Tengo miedo".

c. Observa la respuesta del *sentido del sentir* de tu cuerpo hacia el problema y el sentimiento
Cierra los ojos y advierte cualquier respuesta física y emocional cuando piensas en el problema:

- ¿Dónde sientes tensión en respuesta a tu problema?
- ¿Cómo estás respirando?
- ¿Tu ritmo cardiaco se ha acelerado o retrasado?

Una vez que hayas observado las respuestas de tu *sentido del sentir*, puedes abrir los ojos.

C. Identifica la oportunidad que este problema te ofrece *Info p.20*

Haz {a–d} en secuencia.

a. Identifica lo que quieres en su lugar

Pregúntate: "¿Qué quiero en lugar de (*menciona el problema*)?"
Dilo en un enunciado positivo, quita las palabras 'quiero', 'puedo'. Por ejemplo: "Mi cabeza está ligera y con energía" o "Entiendo a (*di el nombre de la persona con quien tienes el problema*).

b. Identifica el sentimiento positivo

Pregúntate: "¿Qué sentimiento positivo se asocia con (*di lo que quieres en lugar del problema*)?" *Por ejemplo: "Me siento relajado y productivo."*

c. Di una acción que apoye la oportunidad del problema

Pregúntate: "¿Qué acción quiero y necesito que me va a apoyar para llevar a cabo (*di lo que quieres en lugar del problema*)?"

d. Nombra el Punto de Elección

- *Pregúntate:* "¿De verdad quiero (*di lo que quieres en lugar del problema y el sentimiento positivo {C a–b}*)?" Si es así, di en voz alta: "Sí, quiero, elijo y estoy listo para (*di la oportunidad en {C a–c}*), *por ejemplo: "Mi cabeza está ligera y con energía y me siento relajado y productivo."*

D. Identifica la Modalidad que necesitas para dejar de resonar con tu problema. Ahora estás en resonancia con la oportunidad, con el sentimiento y con la acción positiva

Ve al Índice de Modalidades, la página azul, p.39 y sigue las instrucciones. Recuerda volver a verificar tu sentido del sentir *después de haber hecho la Modalidad.*

E. Regresa al Mandala de *Resonance Repatterning* *Ve a la p.3*

(**vm**) ¿Se necesita otra Llave?

INFORMACIÓN ACERCA DE PROBLEMAS EN OPORTUNIDADES

B. Identifica el problema

a. El problema

- El problema *siempre* se expresa con un sentido negativo. Por ejemplo: "Me siento mal," en lugar de, "Quiero sentirme bien."

- El problema se dice en tiempo presente.

- Un problema es un síntoma o situación que no quieres – algo que ves como caótico, sin armonía, desagradable, doloroso, estresante, fuera de control, impredecible o desordenado.

- Un problema es un síntoma o situación que esperas 'arreglar' o quitar, tan pronto como sea posible. 'Arreglar' un problema es igual a tomar una medicina para aliviar un síntoma físico temporalmente, a sabiendas que no te va a llevar a la causa del síntoma y, por lo tanto, ese síntoma, u otro, pronto va a reaparecer.

- En muchos casos, tratamos de mitigar nuestro malestar culpando y criticando a alguien más o a alguna situación. Tenemos la ilusión de que si la otra persona o personas cambiaran, o la situación fuera otra, entonces nuestro problema se resolvería.

b. El sentimiento negativo

Generalmente, un problema nos detona una reacción emocional exagerada, lo que no ayuda para resolver el problema y, a menudo, complica todavía más la situación en la que te encuentras.

- Las reacciones emocionales están asociadas con una o más respuestas, como son: tensión muscular, respiración por la boca, sudoración, aceleración del ritmo cardíaco, constricción, lágrimas, enojo, miedo, pánico, presión arterial elevada o el deseo de salir corriendo, de dormir o de desconectarse.

- Cuando estas respuestas se vuelven crónicas, te pueden llevar a síntomas físicos de aflicción y mala salud.

c. **El *sentido del sentir* de tu cuerpo**

- Al hacerte consciente de la manera en la que tu cuerpo responde a cualquier situación, puedes saber lo que te da energía y lo que te la quita, es decir, lo que te proporciona bienestar y lo que no. No se trata de evitar la situación o a la persona desafiante, es una advertencia para que te re-orientes.

- La respuesta de biorretroalimentación del *sentido del sentir* de tu cuerpo no hace que cambie lo que sientas en una situación difícil, tampoco identifica la causa subyacente a tu tensión, ni te ayuda a transformar tus patrones para poder estar en cualquier situación y mantener tu vitalidad y bienestar.

- El *sentido del sentir* de tu cuerpo es un simple indicador de que estás teniendo una respuesta de estrés, de lucha-huida o, por el contrario, de relajación.

C. Identifica la oportunidad que te ofrece el problema

a. **Lo que quieres en lugar de eso**

- Es esencial que comiences a pensar positivamente en relación a cualquier problema que tengas. Pregúntate: ¿Qué quiero en lugar de esto? De inmediato vas a sentir un cambio positivo. El solo hecho de pensar en ello comenzará a sincronizar las frecuencias coherentes que te van a fortalecer.

- Los pensamientos negativos enfocados en lo que **no** quieres, sólo van a reforzar los patrones de frecuencia no-coherentes, la falta de sincronía en el campo energético de tu cuerpo, de tu mente y de tus emociones. Esta falta de coherencia en tus frecuencias se va a manifestar como estrés, tensión, respiración alterada o como sentimientos negativos en referencia a ti o a los demás.

- Las frecuencias no-coherentes de tus pensamientos y sentimientos negativos resuenan y atraen otras frecuencias similares fuera de sincronía y, de repente, la vida comienza a ir de mal en peor.

b. El pensamiento positivo

- La mayoría de la gente se enfoca en lo que no quiere sentir en lugar de lo que **sí** quiere sentir. Al mencionar el sentimiento positivo relacionado con lo que quieres – y hacer la Modalidad para estar en resonancia con este estado mental y con el sentimiento – tus frecuencias comienzan a alinearse con tu sentimiento coherente; de inmediato comienzas a sentir un cambio, te relajas y te sientes mejor.

- Los sentimientos activan tu cerebro de maneras específicas: los sentimientos negativos estimulan tu cerebro límbico y reptiliano y accionan la respuesta de supervivencia de lucha-huida, en cambio, los sentimientos positivos lo impulsan a producir una sensación de energía, ánimo y alegría.

c. Menciona la acción que te apoya para realizar lo que quieres en lugar del problema

Las acciones coherentes, por insignificantes que sean, representan el compromiso contigo mismo y con el cambio positivo. También te abren al campo de las posibilidades ilimitadas.

Dentro de cada problema se halla una oportunidad potencial para un salto cuántico hacia una frecuencia superior de orden, coherencia y crecimiento.

d. El Punto de Elección

- La vida siempre presenta un vaivén entre el orden y el caos, entre lo que es coherente y energizante y lo que es no-coherente y desenergizante. Para mantener el equilibrio en este tipo de cuerda tensa necesitamos nivelar nuestra estabilidad constantemente.

- Cada circunstancia de nuestra vida nos ofrece la elección entre ser más o menos coherentes, alinearnos con la luz de nuestra conciencia e irradiar con todo el Espíritu o, descender hacia la no-coherencia, el desorden y dejar de ver la luz de nuestra Conciencia. Ambas cosas involucran una elección; mientras una nos lleva a un cambio de actitud que nos dirige hacia la coherencia y el bienestar, la otra logra lo contrario.

- El primer paso que nos permite mantener el equilibrio es comprometernos con un "¡Si! Quiero, elijo y estoy listo para (*menciona la oportunidad y la acción positiva que deseas*)."

Dentro de cada problema radica el potencial para un estado superior de coherencia. La coherencia siempre implica un estado superior de conciencia, en el que nuestra mente deja de ser estática, y que, a cambio, nos hace más receptivos al campo de posibilidades ilimitadas.

EL CONTINUO DEL PUNTO DE ELECCIÓN

EL SIGNIFICADO DE LA COHERENCIA Y LA NO-COHERENCIA

Coherencia significa cohesión o mantener unido. En la física moderna, la coherencia representa un estado superior de frecuencias, orden y creatividad. Esta acción de cooperación para mantener las partes unidas es una respuesta energética y expansiva hacia los retos de la vida, que se manifiesta en forma de salud, relaciones armoniosas, integridad y receptividad hacia las oportunidades creativas que apoyan el bienestar del todo.

La experiencia de cualquier cambio vivificante
siempre implica dejar un estado de frecuencias densas
de no-coherencia y desorden,
para entrar a un estado superior de coherencia, orden y crecimiento.

La no-coherencia implica la desintegración o la incapacidad de mantener las cosas unidas. Esta desintegración se puede manifestar como cualquier cosa a la que le llames problema: enfermedad y dolor, una relación difícil, problemas en el trabajo o, los que resultan del mal uso del poder o del dinero. La no-coherencia se asocia con la contracción y el estrés – es una respuesta defensiva que conduce a la falta de armonía, al conflicto y a sentimientos desgastantes. Desde el punto de vista de la física Newtoniana, la no-coherencia lleva al estancamiento, la desintegración y a la 'muerte' de la relación, del negocio o del cuerpo físico.

Cuando todo es doloroso en tu vida, nada funciona como debería,
asocias todo a sentimientos desagradables,
o quieres mejoras que no logras,
te das cuenta de que estás dentro de frecuencias no-coherentes y fuera
de sincronía en tu campo vibratorio cuerpo-mente-emociones.

DIAGRAMA DEL PUNTO DE VISTA NEWTONIANO

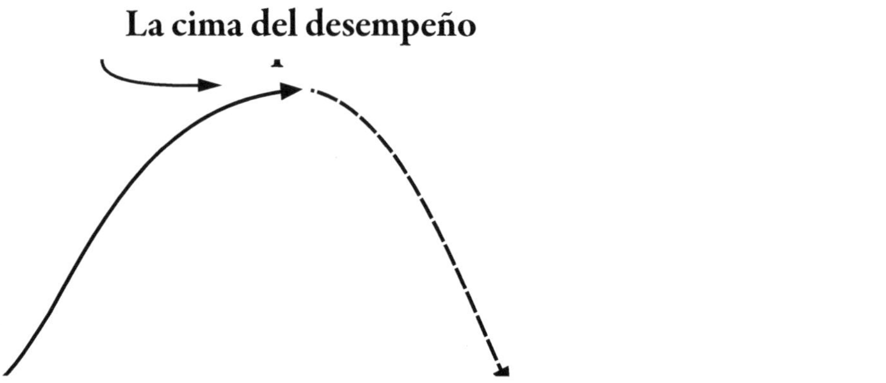

La no-coherencia, falta de armonía, de crecimiento; estancamiento, desintegración, extinción o muerte

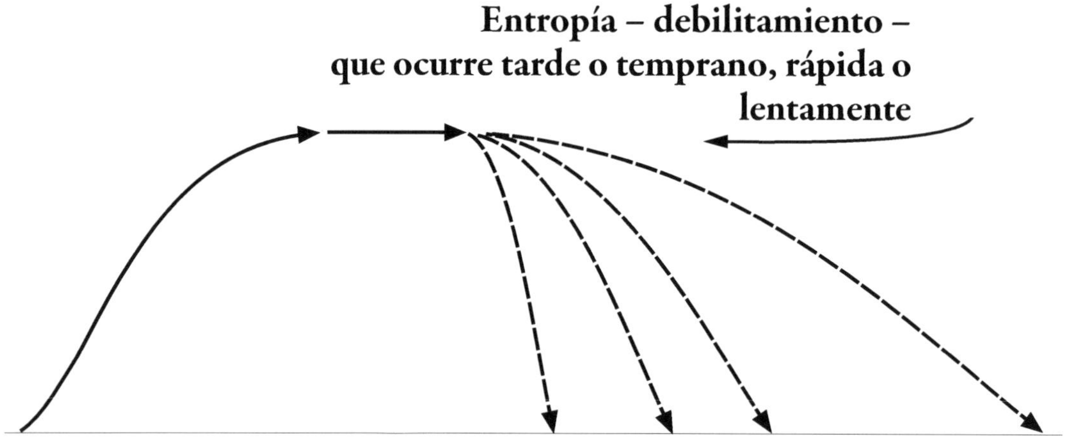

La no-coherencia, falta de armonía, de crecimiento, estancamiento, desintegración, extinción o muerte

EL PUNTO DE VISTA NEWTONIANO EN RELACIÓN A LOS PROBLEMAS

El punto de vista Newtoniano nos dice que la vida es como cualquier máquina, que, al alcanzar su límite de desempeño, de manera inmediata o paulatina, se estanca, debilita, desintegra y, finalmente, se extingue. Esta es la ley de la entropía. Según esta perspectiva, el deterioro es inevitable al darse el cambio.

Desde el punto de vista Newtoniano, tus problemas simplemente te hacen saber que todo es un proceso natural de desintegración. ¡Nada prometedor!

Desde el punto de vista de *Resonance Repatterning*,
todos los problemas ofrecen el potencial para un estado superior de vibraciones en el que tus frecuencias regresan a la sincronía – se vuelven coherentes.
Cuando las frecuencias son coherentes, todo es posible.
Automáticamente, la Coherencia lleva a una sensación de bienestar en todos los niveles.
Y, ¡los seres humanos son diferentes de las máquinas!

EL PODER DEL 'VAIVÉN'

El 'vaivén' representa el Punto de Elección: ¿quieres seguir inmerso en tus problemas, o quieres dar un salto cuántico hacia un estado superior de conciencia y bienestar?

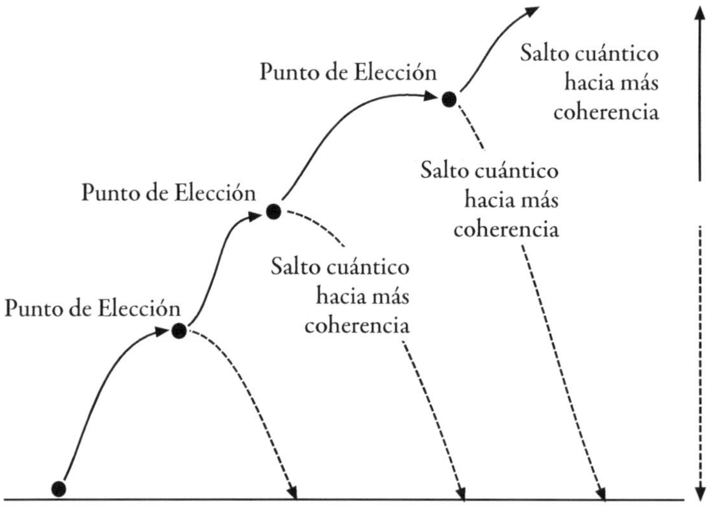

Frecuencias no-coherentes, fuera de sincronía y falta de bienestar en cuerpo y mente.

El Cambio Positivo
implica usar los retos de la vida y los problemas (caos) para pasar a un estado superior de coherencia, orden, armonía, conciencia y a un bienestar del cuerpo, mente y espíritu.

El Cambio Negativo
implica la incapacidad de usar los retos de la vida y los problemas (caos) como una oportunidad de crecimiento y cambio positivo.
Si te dejas llevar por los patrones no-coherentes, puedes sentir que no tienes elección, excepto continuar hacia todavía más no-coherencia, desorden e intranquilidad en el cuerpo y la mente.

El problema es el borde creativo – quizás inestable, pero también es un lugar de entusiasmo, de gran potencial y de la posibilidad para un estado superior de coherencia y conciencia.

EL PUNTO DE VISTA DE LA FÍSICA MODERNA EN RELACIÓN A LOS PROBLEMAS

En la física moderna se describe al caos como un patrón aleatorio e impredecible. Al orden o coherencia se le describe como un patrón regular, repetitivo y previsible.

En las teorías del Borde del Caos, el borde es una línea delgada entre el orden y el caos – un punto de gran complejidad y creatividad, así como de máxima inestabilidad.

Para *Resonance Repatterning*, los Problemas en Oportunidades representan este borde dinámico – la línea delgada entre el orden y el caos – inestable, a la vez que repleto de potencial creativo.

La vida es un 'vaivén' continuo entre el orden y el caos, coherencia y no-coherencia, equilibrio y desequilibrio. Si es que quieres prosperar, expresar tu potencial a través de la acción, así como lograr un cambio extraordinario, el nombre del juego es: adaptación constante hacia la coherencia y el equilibrio. Sin esta adaptación, es posible que te encuentres dando vueltas en círculos y en picada hacia el desorden, la no-coherencia y el desequilibrio, lo que se va a manifestar en forma de una gran variedad de problemas, incluyendo la depresión, las adicciones, el dolor, la enfermedad, y en relaciones frustrantes.

Al usar el sistema de *Resonance Repatterning*®, puedes transformar tu resonancia con el caos y la inestabilidad de tus problemas para crear un estado de frecuencias sincrónicas en el que estés en resonancia con la seguridad, la felicidad, el éxito y con lo que quieres tener, en lugar de tus problemas. MANIFIESTA TU PODER te presenta esta posibilidad.

Es importante recordar que tu sistema en su totalidad, no sólo una pequeña parte de él, es capaz de llevar a cabo un salto cuántico hacia un estado superior de frecuencias coherentes.

SIETE PASOS FÁCILES PARA RESONAR CON LA OPORTUNIDAD EN CADA PROBLEMA

1. **Reconoce que tienes un problema y menciónalo**
   Acepta que estás en un estado de frecuencias asincrónicas de desorden, miedo y contracción. Los problemas, o no-coherencia, generalmente se manifiestan en la forma de dolor, molestia, agobio, estrés, culpa, rabia, protesta, hipersensibilidad, miedo, remordimiento, sufrimiento, ansiedad, mala salud, fracaso, presiones, etc. Vives estos estados de frecuencias asincrónicas porque estás sintonizado con este 'ancho de banda' en particular.

2. **Reconoce y menciona el sentimiento desagradable que está asociado con tu problema**

3. **Pregúntate: "¿Qué quiero en lugar de este problema?"**
   Dilo en voz alta.

4. **Reconoce y menciona el sentimiento positivo que está asociado con lo que quieres en lugar de tu problema**

5. **Date cuenta que no necesitas permanecer en tu estado mental negativo**
   Simplemente estás en tu Punto de Elección – el vaivén. *Pregúntate:* "¿Quiero tener un cambio positivo?" *Si es así, di en voz alta*: "Sí, quiero, elijo y estoy listo para (*menciona lo que quieres en lugar del problema, así como el sentimiento positivo {3 and 4} arriba*)."

6. **(vm) la Modalidad que va a volver a alinear tus frecuencias que están fuera de sincronía relacionadas con el problema**
   Una vez que tus frecuencias estén en sincronía, dejarás de estar en resonancia con tu problema y con su sentimiento doloroso; ya no estarás sintonizado con ese 'ancho de banda.' Ahora resonarás con lo que quieres en lugar del problema y con el sentimiento positivo asociado con lo que quieres – un 'ancho de banda' diferente. Esta nueva coherencia en tus frecuencias crean un campo de atracción para aquello que es coherente.

7. **Acción decidida**
Cuando mencionas lo que quieres y tienes un intenso sentimiento positivo acerca de lo que quieres, para después entrar en **acción con decisión** para obtener lo que quieres, estarás activando una conexión resonante con el campo de las posibilidades ilimitadas. La acción decidida, sin importar qué tan insignificante sea, le manda el mensaje a tu cerebro límbico de que todo es posible; éste responde llevándote hacia esa dirección. Pregúntate: "¿Qué acción necesito tomar para obtener lo que quiero en lugar del problema?"

Resonance Repatterning te permite acceder a tu estado natural de alegría, seguridad y dicha, así como al del amor, cariño y respeto en tus relaciones, y a encontrar un significado y propósito en todo lo que haces.

MANERAS RÁPIDAS PARA RESONAR CON LA OPORTUNIDAD EN CADA PROBLEMA

En el momento que lo necesites, aunque no traigas contigo este libro:

1. **Menciona tu problema**

2. **Pregúntate: "¿Qué quiero en lugar de este problema?"**

3. **Haz una Modalidad** para dejar de resonar con el problema y entrar en resonancia con lo que quieres en lugar del problema.

INTENCIÓN PARA UNA NUEVA POSIBILIDAD

A. Lee el siguiente resumen de la Intención

- La Intención es una meta que puedes visualizar, además de un sentimiento agradable que te va a motivar a entrar en acción para lograr lo que quieres. En cierto nivel, al crear las intenciones, y estando en resonancia con ellas, puedes llegar a resultados extraordinarios.

- Es posible que en aquellas áreas de tu vida que no estén funcionando bien, no tengas muy claro cuál es tu intención, ni encuentres el sentimiento positivo asociado con ella o, por tus mismas frecuencias asincrónicas, no resuenes, ni con tu intención, ni con su sentimiento positivo.

B. Identifica tu Intención para una Nueva Posibilidad *Info pp. 35–36*

Haz {a–e} en secuencia.

a. Reúne la información acerca de tu intención

- *Pregúntate:* "¿Qué quiero lograr o hacer (hoy/esta semana/este mes/este año)?" *Anótalo. Por ejemplo: "Quiero terminar mi proyecto de trabajo esta semana con tranquilidad."*

- Tacha el 'quiero' o el 'voy a...' y escribe tu intención en tiempo presente, como si ya la tuvieras o la estuvieras haciendo. *Por ejemplo: "Termino mi proyecto de trabajo esta semana con tranquilidad."*

b. Reúne la información acerca del sentimiento positivo

- *Pregúntate:* "Si (*menciona la intención*), ¿cómo me sentiría?" Anota la/s respuesta/s. *Por ejemplo: "Me sentiría aliviado y libre."*

- Ahora, cambia el condicional 'sentiría' o el 'voy a...' y pon el sentimiento en tiempo presente, como si ya lo estuvieras sintiendo. *Por ejemplo: "Me siento aliviado y libre." Esto representa tu intención de cómo quieres 'ser' mientras logres lo que quieres 'hacer.'*

c. Crea tu intención y tu sentimiento

Crea y anota un enunciado positivo y en tiempo presente con el sentimiento, seguido de la intención para la nueva posibilidad – asegúrate de omitir 'quiero', así como todos los negativos. *Por ejemplo: "Me siento aliviado y libre, y termino mi proyecto de trabajo tranquilamente."*

d. Acción positiva

Menciona una acción que apoye el logro de tu intención – sin importar lo insignificante que sea la acción. *Tiene que ser algo que puedas y quieras hacer, sin ninguna vacilación o duda. Observa tu* sentido del sentir.

e. Visualiza tu intención como si ya la hubieras logrado

Mírate como si ya lo hubieras logrado (*menciona tu intención*) y sintiendo (*menciona tu sentimiento positivo*), sin ninguna duda.

C. Identifica la Modalidad que necesitas para resonar con tu intención, con tu sentimiento positivo y con tu acción decidida

Ve al Índice de Modalidades en la página azul,p.39 y sigue las instrucciones. Recuerda observar tu sentido del sentir *después de haber hecho la Modalidad.*

D. Regresa al Mandala de *Resonance Repatterning* *Ve a la p.3*

(**vm**) ¿Se necesita otra Llave?

INFORMACIÓN ACERCA DE LA INTENCIÓN PARA UNA NUEVA POSIBILIDAD

El simple hecho de aclarar lo que quieres, de estar consciente del sentimiento positivo asociado con tu intención y de estar en resonancia con ello, establece un poderoso campo de atracción que crea resultados fructíferos. En los siguientes manuales y seminarios de *Resonance Repatterning* vas a poder explorar el poder de la Intención en mayor detalle – lo que motiva a tus intenciones; los recursos con los que necesitas estar en resonancia para manifestar tus intenciones, y tu resonancia con los tres niveles de compromiso. Ahora mismo, los siguientes pasos inician tu avance: la intención, el sentimiento positivo, la acción, la visualización y la Modalidad; además, la información en cada paso te ayudará a comprender su fuerza al aplicarlos en tu vida.

B. Identifica tu Intención

a. **Menciona el resultado positivo que quieres** al comenzar el día o antes de hacer algo que consideres importante. Todos los logros empiezan con una intención clara. Di tu intención en voz alta, en primera persona y en tiempo presente, omitiendo 'quiero' o 'voy a...'. Mira tu intención como algo que ya lograste.

b. **Sentimiento positivo**
Identifica el sentimiento positivo que te produce tu intención

- Los sentimientos optimistas activan tu cerebro límbico a través de una sensación placentera que, a su vez, te motiva a entrar en una acción decidida hacia la realización de tu intención.

- Al estar en resonancia con los sentimientos agradables de tu intención, obtienes la energía para perseverar hacia lo que quieres cuando te encuentras con los obstáculos y los retos que la vida proporciona para tu crecimiento.

- Resonar con tu intención y tu sentimiento optimista establece un campo de atracción.

d. Acción decidida

- **Entrar en una acción decidida,** hacia el logro de tu intención, sin importar lo insignificante que ésta sea – sin quejas, resistencia, pensamientos o palabras negativas – le da a tu cerebro límbico el mensaje de que todo es posible.

- Al estar en resonancia con una intención y un sentimiento claros y positivos para cualquier situación que se presente durante el día, te permite obtener energía de lo que haces y, así, entrar en acción para lograr más de lo que hubiera sido posible de otra manera.

e. Visualización

Solamente logramos o llevamos a cabo lo que visualizamos. Entre más detallados sean la visualización y los sentimientos positivos, más fácilmente se realizará la meta.

C. Modalidad

Las Modalidades sincronizan tus frecuencias para que estés en resonancia con tu intención, con tu sentimiento positivo, con la acción y con la visualización. Observa tu *sentido del sentir* para saber cómo te sientes después de haber terminado la Modalidad.

Cualquier logro en este mundo comienza con una intención y con un sentimiento optimista relacionado con lo que quieres.

LOS CUATRO ÓVALOS DE LAS MODALIDADES

1. **Verifica muscularmente (vm) {A–F} la categoría y la Modalidad que se necesita.**

2. **Lee la introduccción a la Modalidad y 'Cómo hacerlo'.**

3. **Haz la Modalidad –**
   - **Fíjate que la estés haciendo correctamente.**
   - **Respira mientras la haces.**
   - **(vm) ¿Está completo?**
   - **(vm) ¿Necesito otra Modalidad?**

4. **Al terminar la Modalidad**
   - **Haz una pausa para integrar tu cambio cuántico.**
   - **Vuelve a verificar tu *sentido del sentir:***
     - **a. ¿Te sientes más relajado?**
     - **b. ¿Respiras con más facilidad?**
     - **c. ¿Notas algún otro cambio positivo?**

ÍNDICE DE MODALIDADES
QUE SE ENSEÑAN EN EL SEMINARIO MANIFIESTA TU PODER

a. (vm) ¿Se necesita leer algo del resumen de las Modalidades? *Ve a la p.41.*

b. (vm) {A–F} la sección que se necesita y el punto numerado.

Cuando hagas una Modalidad, siempre sigue los Cuatro Óvalos de la Modalidad. *Info p.38.*

Las Modalidades aportan energía – te energizan.
Cuando los átomos y las moléculas están llenos de energía
vibran al unísono y emiten energía coherente.
Cuando tu cuerpo, mente y emociones vibran al unísono,
también emiten energía coherente.
Esto te permite dar un salto cuántico
hacia nuevas posibilidades.

INFORMACIÓN ACERCA DE LAS MODALIDADES

A. Resumen de Modalidades

- Las Modalidades son técnicas de auto-sanación que aportan energía. Incluso una pequeña aportación de energía en el momento y en el lugar adecuados pueden crear efectos de gran alcance.

- En cualquier momento puedes utilizar las Modalidades por sí solas para crear un estado de bienestar general y coherencia.

- También puedes usar una Modalidad como parte de una sesión de *Resonance Repatterning* (junto con la Orientación, Problemas en Oportunidades e Intenciones para una Nueva Posibilidad) para sincronizar tus frecuencias y estar en resonancia con estar orientado, con transformar tus problemas a oportunidades y con tus intenciones para una nueva posibilidad.

- La Modalidad que necesitas te puede llevar al Sonido, al Color y la Luz, al Movimiento, a la Respiración, a los Contactos Energéticos o a otras posibilidades, dependiendo de tu necesidad específica en ese momento.

- Todas las Modalidades se caracterizan por la coherencia que crean. Según la física moderna, la coherencia se da cuando un número astronómico de partículas subatómicas entran en fase entre sí en su pulsación – se alinean como parte de un todo sincronizado. La coherencia es mucho más que el conjunto de unas pocas partículas resonando o pulsando sincrónicamente: todo el sistema se alinea y, por lo tanto, sufre un cambio total hacia un estado energético superior.

El resultado de haber hecho una Modalidad,
es que tus frecuencias se sincronizan y se vuelven coherentes.
Cuando eres coherente, automaticamente atraes y resuenas con
lo energizante y vivificante.

- Surge la pregunta de cómo es posible que una simple Modalidad pueda crear, de una manera inmediata, tal cambio positivo. La nueva física nos dice que todos los seres vivos son sistemas no-lineales, así que, incluso una insignificante aportación de energía en el momento preciso es capaz de dar lugar a un efecto que involucre todo el sistema. Después de todo, sólo hace falta añadir un granito a una montaña de arena, en el momento y lugar precisos, para que todo el montículo cambie radicalmente. *Ve Lecturas Recomendadas: Who's Afraid of Schrodinger's Cat*

Los cambios extraordinarios no surgen desde fuera .
Llegan desde tu interior
como resultado de haber alineado tus frecuencias en sincronía.

Cómo usar las Modalidades

- En *Resonance Repatterning* se verifica muscularmente la Modalidad exacta que se necesita en ese momento, en relación a tu sesión *o, recurre a tu* sentido del sentir*, si no has aprendido aún el método de la verificación muscular de la biorretroalimentación.*

- Si alguna Modalidad no ha creado todavía el cambio esperado en tus frecuencias, entonces, verifica si se necesita otra Modalidad.

MODALIDADES Y CÓMO HACERLAS

A. MODALIDADES DEL PROCESO

1. Una Pausa para Centrarse

Ésta es una de las más poderosas maneras para centrarse. Úsala cuando estés a punto de comenzar una nueva fase del día, o cuando te sientas molesto o desorientado. Incluso, cuando estés en medio de una discusión, puedes decir: "Hagamos una pausa" o "Necesito una pausa." Si te estás sintiendo presionado o abrumado, deténte un momento. Si ves que alguien está molesto, di: "Vayamos más lento y hagamos una pausa." Cuando lo necesites, en pocos segundos puedes hacer una Pausa para Centrarte o, si tienes más tiempo, toma algunos minutos.

Cómo hacerlo:

Lee el siguiente texto, detente unos segundos al final de cada frase. Pronto lo recordarás sin necesidad de leerlo.

Ojos
- Cierra los ojos.

Respiración
- Respira lenta y suavemente a través de la nariz. Al inhalar, siente como tus costillas y abdomen se expanden. Al exhalar el aire, relaja las costillas, mete y sube el abdomen. Repite esta respiración suave hasta que fluya fácil y naturalmente.

Relajación
- Ahora, mientras exhalas, relaja la cara, los ojos, la mandíbula... Relaja el cuello, los hombros, los brazos... Deja ir el aire lentamente, relaja el pecho, la parte superior de tu espalda... Exhala y relaja el abdomen y la espalda... Relaja la cadera y las lumbares... Suelta la tensión de tus muslos... Relajalos, todavía más... Finalmente, permite que esta relajación fluya a través de tus rodillas y pies. Siente como tus pies tocan la tierra. Siente cómo la tierra te energiza y soporta.

Corazón

- Una vez relajado, lleva tu atención al centro de tu corazón. Inhala amor incondicional y exhala amor incondicional. Siente como tu campo magnético se expande para incluir a los que están contigo ahora mismo: tu familia; aquél por quien sientes un amor especial; aquellos con quienes trabajas; quien presente un reto para ti; los que están sufriendo y, el mundo. *Permite un momento de silencio.*

Conexión

- Cuando estés listo, abre los ojos. Mira a tu alrededor y siéntete cómodo y relajado. Si estás con otras personas, míralas a los ojos y siéntete apoyado por su presencia amorosa. Una vez que has vuelto a tu centro de equilibrio interior, quizás quieras compartir algunas palabras para describir cómo te sientes.

2. Proceso de Integración para Cerrar

Un cierre te permite finalizar – para cada fase de tu día, así como en tus relaciones – para poder continuar hacia un nuevo comienzo con más energía. El Proceso de Integración para Cerrar te ayuda a dejar ir cualquier lamento, a la vez que a mantener tu corazón abierto al amor.

El Proceso de Integración puede tomarte algunos segundos: mientras permaneces sentado frente a tu escritorio, una vez concluido algún proyecto, o después de una reunión. También es excelente hacerlo cuando termines una sesión de *Resonance Repatterning.* Es muy bueno pasar unos segundos con tu familia o tu pareja al final del día, para integrarlo y sentirte completo. También, puedes dedicar una media hora con este Proceso de Integración con alguien que necesite dejar ir una relación difícil, un recuerdo o alguna experiencia que necesite finalizar.

Cómo hacerlo:
Ten claro lo que quieres cerrar: el final de una reunión, el final de un día, la terminación de una relación, etc. Sigue las instrucciones a continuación, toma tu tiempo para leerlas, deténte un momento después de cada frase.

Ojos

- Cierra los ojos.

Respiración

- Respira lenta y suavemente por la nariz. Al inhalar, expande las costillas y el abdomen. Al exhalar, relaja las costillas y deja que tu abdomen se contraiga y suba.

Relajación

- Al exhalar, relájate – comienza por tus ojos, boca y mandíbula. Lentamente, ve bajando por tu cuerpo, relaja el cuello y baja los hombros.... relaja los brazos y tus manos, el pecho, el abdomen y las caderas.... relaja la espalda desde el cuello, por toda la espalda hasta la cintura y continua bajando por la columna ... por los muslos, las piernas, hasta llegar a los pies. Revisa cada parte de tu cuepo y relaja cualquier tensión que se haya quedado atrapada.

Corazón

- Siente tu corazón.
  Recibe amor mientras inhalas y, al exhalar, reparte tu amor a aquellos que sientes cerca.... a todos los del grupo.... al mundo.

- Cuando estés listo, abre los ojos. Date unos minutos.

Aprecio

- Pregunta (*a la persona con quien estés haciendo el Proceso de Integración, o a ti mismo*): “¿Qué aprecias de (*el proyecto, la persona, ti mismo, etc. – lo que sea o quien sea que esté relacionado con esta Integración para Cerrar*)? ¿Qué sentimientos positivos tienes?”

Lamentos • Ahora, ponte en contacto con cualquier lamento que se haya activado. Al conectarte con tus lamentos puedes aprender la lección que éstos te ofrecen y, al expresarlo en pocas palabras, aun a ti mismo, se comienza a generar la comprensión, el perdón y el amor. Como resultado de contactar y mencionar tus lamentos, puedes soltar la tensión que ellos crean y orientarte de nuevo hacia el amor.

Es importante recordar que no es necesario 'arreglar' los lamentos. No tienes que ofrecer soluciones, sólo escuchar amorosamente cuando otro menciona su lamento. Esto puede ser suficiente para abrir el espacio sanador que se necesita.

Después de comunicar tus lamentos, inhala profundamente y relájate soltando un 'jaaaa' suave.

Movimiento • La vida es energía en movimiento. Al final del Proceso de Integración, levántate, estírate y baila.

B. MODALIDADES DE SONIDO

1. ¡Jaaa! el Sonido para la Conexión con el Corazón

En Chi Kung, el sonido *¡jaaa!* está asociado con el Meridiano del Corazón. Se considera que fortalece, tanto el corazón físico, como los niveles mentales y emocionales del Meridiano del Corazón – te ayuda a reconectarte con el amor, la alegría y la compasión, propios de la energía del corazón.

Cómo hacerlo:

- Extiende las manos con las palmas hacia arriba o, una hacia arriba y la otra sobre tu centro del corazón. Respira por la nariz, relájate y suelta el aire lentamente a través de la boca con un largo ¡jaaa!
- De nuevo, entona el ¡jaaa! usando una nota al exhalar: relaja la boca y garganta y sonríe cada vez que hagas un ¡jaaa! Observa cómo te sientes.

2. Respiración con Risa

La risa siempre ha sido una de las grandes modalidades reconocida universalmente, ya que, a través del júbilo, produce endorfinas que brindan alivio al dolor y estimulan el sistema inmunológico. Quienes se ríen juntos, automáticamente sienten más cercanía, ya que esto crea relajación, alegría y amor que abre el corazón. Hacer la respiración con risa te puede parecer difícil al principio, pero a medida que la practicas, vas a sentir que un mayor júbilo y sentido del humor regresan a tu vida.

He aquí un antiguo dicho japonés:

Ríe tres veces –
Una en alabanza,
Una como promesa,
Una como propósito.

La primera es en gratitud por el año que pasó; la segunda es por la promesa que ofrece el año que se aproxima; la tercera es para obtener claridad– reír para aclarar la mente y el corazón, y así poderte mantener alineado con tus propósitos.

Cómo hacerlo:

- De pie, levanta los brazos sobre tu cabeza mientras inhalas, mira hacia arriba y dóblate suavemente hacia atrás; ahora inclínate hacia el frente mientras sueltas un fuerte, pero lento Ja-Ja-Ja, aprieta el abdomen con cada Ja y mece las rodillas hacia arriba y hacia abajo.

- Levanta los brazos de nuevo mientras inhalas y, otra vez, suelta otro Ja-Ja-Ja, pero esta vez más rápido.

- El Ja-Ja-Ja se hace cada vez más rápido con cada respiración, hasta que tú y la persona con quien te estás riendo se rían sin parar, saltando, dando palmadas en sus muslos, apuntándose (con los dedos relajados), sosteniéndose el abdomen y mirándose a los ojos.

3. Entonar una Nota

Otra vieja y poderosa modalidad es entonar una nota; se ha demostrado que puede destruir células cancerosas y aumentar la vibración de los glóbulos rojos sanos. Entonar notas tiene un efecto positivo, tanto en la mente como en los sentimientos y en el cuerpo físico.
Ve Lecturas Recomendadas: Fabien Maman, "The Role of Music in the 21st Century".

Cómo hacerlo:

- (**vm**) la nota que necesitas:

Do	**Do#**	**Re**	**Re#**	**Mi**	**Fa**	**Fa#**	**Sol**	**Sol#**	**La**	**La#**	**Si**

- (**vm**) la/s vocal/es que se necesita/n:

  (u • o • a • e • i)

- Identifica la nota en tu afinador cromático, inhala y entona la nota.

C. MODALIDADES DE COLOR Y LUZ

Ve ResonanceRepatterning.com para encontrar los lentes ColorYourWorld

Si tienes un juego de lentes *ColorYourWorld*, puedes usarlos con cualquiera de las Modalidades de Color y Luz. Simplemente (**vm**) una de las trece frecuencias de color que necesitas y ponte los lentes.

1. El Símbolo del Infinito (∞) para Absorber Luz

La luz (fotones) es uno de los mayores nutrientes del cuerpo y de la mente. Cuando te falta el estímulo de la luz, te puedes sentir deprimido o confuso, sentir dolor o malestar.

Al aumentar la cantidad de luz que tu cerebro absorbe, las frecuencias de tu cuerpo y de tus emociones se vuelven coherentes y, por lo tanto, te sentirás más contento, más eficiente e, incluso, ver tu propósito con más claridad.

Ve Lecturas Recomendadas: Dr. Jacob Liberman, "Light Medicine of the Future"; Dr. John Ott, "Health and Light".

Cómo hacerlo:

- Quítate los lentes (si es posible, los de contacto también).
- Dirige la mirada al horizonte, haz círculos con los ojos hacia la izquierda, subiendo sobre la línea media y, luego hacia la derecha. Mueve los ojos lentamente y haz los círculos tan grandes como puedas. También, puedes estirar el brazo frente a tus ojos, levantando el pulgar y haciendo ∞, siguiendo con los ojos la líneas del nudillo del pulgar.
- Puedes tapar un ojo mientras haces los círculos, luego el otro y, después, hazlo con ambos ojos abiertos.
- Asegúrate de que sean tus ojos los que se mueven, no la cabeza. Si es posible, has los ∞ afuera, pero no mires directamente al sol. Siente cómo la luz (todo el espectro de colores) entra en tu cerebro y cuerpo a través de tus ojos. Cuando termines, cierra los ojos y coloca suavemente las palmas sobre los ojos cerrados.

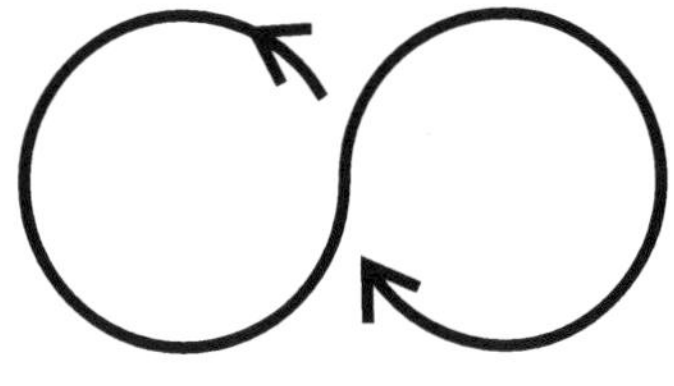

2. Visualizar un Color

Cada color está compuesto de una frecuencia particular de luz. Al visualizar un color, no sólo produces esa frecuencia en tu cerebro y cuerpo, sino también en tu 'cuerpo' emocional y mental.

Cómo hacerlo:

- (**vm**) el color que se necesita: (rojo • anaranjado • amarillo • verde • azul • índigo • lavanda • violeta • blanco • rosa • magenta).
- (**vm**) el área específica del cuerpo donde se necesita ese color: (cabeza • cara • cuello • garganta • pecho • estómago • pelvis • espalda • piernas • pies • brazos y manos • alrededor del cuerpo • algún órgano específico).
- Mientras exhalas, dirige el color al área o al órgano que se necesite.

3. Recuerdos Felices y Motivantes

Los recuerdos felices activan las endorfinas que estimulan tu sistema inmunológico y te brindan una sensación de bienestar. Al nivel de tus frecuencias, los recuerdos agradables aumentan, tanto la luz que irradias, como la que absorbes.

Cómo hacerlo:

- Cierra los ojos.
- Piensa en un recuerdo agradable: observa las imágenes y los colores, escucha los sonidos, siente los olores y todas las sensaciones, revive los sentimientos positivos asociados con este recuerdo.
- Date cuenta de la respuesta de tu *sentido del sentir* hacia este recuerdo: ¿cómo responde tu cuerpo? Este recuerdo agradable está creando coherencia en tu campo energético y, a un nivel físico, está produciendo una cascada de neurotransmisores que te hacen sentir optimista y lleno de energía.
- Si es posible y apropiado, comparte tus recuerdos con alguien más, lo que aumentará tu bienestar y coherencia, y los de la otra persona también.

D. MODALIDADES DE MOVIMIENTO

1. Sacudir el Cuerpo (SNS)

Al Sacudir el cuerpo, el Sistema Nervioso Simpático (SNS) libera la tensión residual del sistema cuerpo-mente-emociones; te ayuda a recargarte de energía. Después de un shock, estrés o alteración, es importante que liberes el exceso de energía que tu sistema nervioso simpático generó para poder controlar el estrés. Quizás hayas observado que cuando hay peligro, los animales entran en estado de alerta y, enseguida, liberan cualquier exceso de energía del SNS (que no descargaron al huir o al luchar): se revuelcan, corren, se sacuden o tiemblan. De igual manera, puedes sacudirte para liberar el estrés de tu sistema.

Cómo hacerlo:

- Comienza por sacudir las muñecas.
- Ahora, sacude muñecas y codos vigorosamente... sigue con los hombros.
- Sacude el cuello al mismo tiempo que zarandeas las muñecas, los codos y los hombros.
- Mueve el pecho y las caderas. Salta moviendo las rodillas. Suelta vigorasamente los tobillos y, finalmente, deja que todo tu cuerpo vibre.
- Termina esto doblándote desde las caderas hacia el frente y deja que tu mandíbula, tus hombros y brazos se unan a la sacudida. Poco a poco, enderézate, comenzando por la cadera. Respira, relájate, sonríe y suspira lentamente.

2. Movimiento Libre

La vida es energía en movimiento. El movimiento es vida. Encuentra cualquier excusa para moverte, estirarte y bailar, tantas veces como te sea posible, ya que el movimiento:

- integra los hemisferios de tu cerebro;
- estimula tu circulación;

- ayuda a la flexibilidad de las articulaciones, estimula el flujo del líquido sinovial, lo apoya a llevar los nutrientes a cada articulación;
- crea una carga positiva como resultado del movimiento de los huesos, músculos y fascia;
- produce endorfinas que dan placer y estimulan tu sistema inmunológico;
- una vez dentro del placer del aprendizaje, mientras estás en el proceso, el movimiento también te ayuda a recordar lo que has aprendido de una manera placentera,
- te orienta hacia ti mismo y hacia los demás y te ayuda a mantenerte en contacto contigo mismo y con tus sentimientos

Cómo hacerlo:
- (**vm**) La música que necesitas para moverte.
- Puedes mantener los ojos cerrados o abiertos.
- Ahora, permite que tu cuerpo se mueva de una manera espontánea y libre.

Ve Recursos: Sugerencias de CDs para movimiento libre

3. Marcha Cruzada para Integrar el Cerebro

Ve Lecturas Recomendadas: Dr. Paul Dennison, "Brain Gyms"

Muchos sistemas de sanación utilizan este movimiento que facilita el aprendizaje y la coordinación corporal y, a la vez, activa ambos hemisferios cerebrales. Se recomienda hacerlo cuando te sientes confundido, tu pensamiento no es claro o se te dificulta la comunicación. La Marcha Cruzada es excelente para cualquiera que desee una mayor capacidad de aprendizaje, mejorar su memoria o tener un pensamiento más ágil. A los atletas y bailarines les ayuda a tener una óptima coordinación, especialmente en condiciones estresantes.

Cómo hacerlo:

- Levanta una rodilla y dale un golpecito con la mano opuesta. Bájala rítmicamente, levanta la otra rodilla, tócala con la otra mano y continúa alternando el movimiento.
- Mueve los hombros, balancea los brazos cruzando la línea media del cuerpo al moverte.
- Puedes experimentar con algunas variantes, pero siempre mueve la pierna y el brazo opuestos simultáneamente; también puedes hacerlo tan lento o tan rápido como sea posible.
- Haz este movimiento rítmico durante unos minutos o hasta que (**vm**) que ya está completo.

4. Bostezar y Estirarse

Bostezar y estirarse libera la tensión y el exceso de energía acumulada en el sistema nervioso simpático que se moviliza para manejar el estrés diario.

Cómo hacerlo:

- Estira cada parte de tu cuerpo.
- Bosteza con la boca bien abierta para liberar la tensión de la mandíbula.
- Permítete hacer cualquier ruido desinhibido que te proporcione placer.

5. "Fuente de Juventud" para Liberar el Cuello

La "Fuente de Juventud" para liberar el cuello es un movimiento chino de Chi Kung. Se dice que es la fuente de la juventud porque al alinear las cervicales, los impulsos nerviosos fluyen con mayor facilidad y aumenta el flujo del Chi, o energía vital entre el cerebro y el cuerpo.

Cómo hacerlo:

- Inhala mientras subes los hombros hacia las orejas y levantas la cara al cielo.

- Exhala mientras bajas los hombros lentamente y regresas la cara a su posición normal. Mete la barbilla un poco, de manera que sientas tracción en la parte posterior del cuello. Mantén esta postura por unos segundos y después relájate antes de repetirlo varias veces.

- Asegúrate de que la barbilla vaya hacia adentro y no hacia el pecho.

6. Postura de Corazón Abierto

Esta postura representa el mudra, o posición de la mano, del amor incondicional. Hacer este mudra produce en ti, y en los presentes, un efecto que fortalece y da energía. Se sabe que, en caso de violencia, esta postura puede calmar a un agresor y evitar algún daño.

Cómo hacerlo:

- De pie o sentado, pon las palmas de las manos abiertas, a cada lado del cuerpo. Puedes hacer esta postura en público y pasar inadvertido.

- Muévete a tu antojo, manteniendo las palmas abiertas y hacia arriba.

7. Gancho de Cook para Calmar

Esta posición tiene como objetivo liberar el estrés emocional y el de tu alrededor, además de integrar ambos hemisferios cerebrales.

Es una magnífica posición para hacerla cuando despiertas, mientras te encuentras todavía en la cama preparándote para levantarte y comenzar un nuevo día, así como cuando regresas a casa del trabajo. Los niños lo pueden hacer al volver de la escuela o cuando se sientan alterados, preocupados, estresados o antes de presentar un examen. El Gancho de Cook despeja el estrés y las tensiones del día. Haz la prueba cuando surja una discusión y observa cómo se calman las cosas.

Cómo hacerlo:

- Cruza un tobillo sobre el otro. Puedes (**vm**) "¿Se necesita poner un tobillo específico encima del otro?" (**vm**) (derecho • izquierdo).
- Estira los brazos frente a ti y coloca las manos, dorso con dorso, a la altura del pecho.
- A continuación, pon una muñeca encima de la otra hasta que las palmas estén frente a frente. Ahora entrelaza los dedos y voltea las manos, haciendo un medio círculo hacia tu pecho y relájalas; suelta también los codos sobre las costillas.
- Toca el paladar con la lengua, cierra los ojos y respira suavemente. Siente como, entre más te relajas, la tensión se va poco a poco. Generalmente, en unos quince segundos se empieza a sentir una liberación.
- Para terminar el Gancho de Cook, descruza los tobillos y las muñecas y junta las puntas de los dedos. Permite que, tanto dedos como manos, se muevan libremente: de arriba a abajo, hacia los lados, hacia adentro y hacia afuera. Estos movimientos hacen que tus hemisferios cerebrales se sincronicen: las áreas superiores e inferiores, los hemisferios derecho e izquierdo, la parte frontal y la posterior.

8. Asentir con la Cabeza

Esta Modalidad, a pesar de ser muy simple, es muy poderosa ya que fortalece tu timo, que está asociado con el sistema inmunológico y con el corazón.

Asentir con la cabeza, también permite a la gente saber que la estás escuchando y les brinda energía. Por ejemplo: un padre tenía problemas con su hijo adolescente, cuando llegó a casa, mientras lo escuchaba, asentía con la cabeza. Dos días después, el joven le dijo: "Papá, desde que fuiste a ese seminario te comunicas mucho mejor."

Asentir con la cabeza calma y centra, tanto a ti como a la persona con la que hablas, incluso a través del teléfono. Esto funciona particularmente cuando alguien está enojado o molesto, especialmente si relajas la mirada. Cuando uno se siente alterado, generalmente mueve la cabeza como diciendo No. Cámbialo a un Sí y verás como te sientes centrado de inmediato.

9. Agua

Cada célula está llena y rodeada por un líquido intra y extra-celular. Este líquido es un medio para el movimiento interno: conduce la electricidad dentro del cuerpo, permite la circulación de la linfa y de la sangre, mantiene la flexibilidad de articulaciones y músculos, así como las inumerables funciones esenciales para la vida.

El doctor F. Batmanghelidj sostiene que muchas de las enfermedades crónicas se deben a la deshidratación celular. Nuestra necesidad de agua no sólo se registra como sed, así que hay que beber agua pura con regularidad – el agua debe estar filtrada de una manera confiable y, si es embotellada, asegúrate de que sea pura. Almacénala en botellas de vidrio, ya que el agua absorbe fácilmente los carcinógenos de los contenedores de plástico.

Generalmente, se recomienda que bebas la mitad del peso de tu cuerpo convertido a onzas, incluyendo varios vasos de agua tibia al despertar por la mañana. Es importante beber más agua cuando estás estresado.
Ve lecturas Recomendadas: F. Batmanghelidj, Your Body's Many Cries for Water.

Cómo hacerlo:

- Si se necesita agua durante una sesión de *Resonance Repatterning*, bebe un poco y manténla en la boca antes de tragarla. (**vm**) ¿Necesito beber más agua ahora?

E. MODALIDADES DE RESPIRACIÓN

1. Respiración Lenta y Rítmica

La Respiración Lenta es la manera básica de respirar que recarga y relaja todo el sistema cuerpo-mente-emociones. Cuando tus frecuencias se sincronizan y se hacen coherentes, podrás observar que, de repente, haces una respiración profunda. La respiración suave y relajada te permite saber que estás en ritmo contigo mismo y que tu sistema nervioso parasimpático – asociado con la relajación y la afinidad, se ha activado.

Cómo hacerlo:

- Inhala y exhala lenta y suavemente por la nariz. La inspiración es bastante lenta, ni larga, ni profunda; la exhalación es lenta y soltando de forma suave y relajada.
- Al inhalar, deja que tus costillas y abdomen se expandan. Cuando exhales, relaja las costillas y, suvemente, mete el abdomen y súbelo. Siente como los músculos centrales tiran de tu abdomen hacia adentro.
- Practica esta respiración suave hasta que fluya fácil y naturalmente y te sientas calmado, relajado y con energía.

2. Respiración por el Orificio Nasal Izquierdo *(anulom-viloma)*

Se dice que esta respiración, si se hace entre tres y cincos minutos diariamente, limpia los 70,000 canales de energía *(nadis)*, y, según una tradición ancestral de la India, hace que el cuerpo esté sano, que tenga brillo y esté fuerte. También se dice que si se hace durante diez minutos cada día, durante cuatro meses, quita entre 30 y 40% de las obstrucciones en las arterias. También despeja la mente de pensamientos negativos y, se ha demostrado que tiene un efecto positivo en casi todas las enfermedades.

Cómo hacerlo:

- Coloca la punta de tu índice derecho sobre tu frente, justo arriba de las cejas.

- Cierra el orificio derecho de la nariz con el pulgar derecho e inhala suavemente por el izquierdo.
- Cierra el izquierdo con los dedos medio y anular y exhala por el orificio derecho.
- Continúa inhalando **solamente** a través del orificio izquierdo y exhalando **solamente** a través del orificio derecho.
- Si se te llega a cansar el brazo, simplemente relájalo y, cuando estés listo, continua con la respiración.

3. Respiración para la tensión Mental *(bhramari)*

Esta respiración se usa cuando hay tensión mental, agitación, presión arterial alta y para calmar la mente. El zumbido aumenta la ventilación de los senos nasales y frontales.

Cómo hacerlo:

- Coloca las yemas de ambos dedos índice sobre tu frente y, suavemente, pon los dedos medios sobre tus párpados, descansa los demás dedos sobre las mejillas y, con los pulgares tapa suavemente tus oídos.
- Inhala y, mientras exhalas, haz un zumbido como una abeja – tirando hacia adentro y hacia arriba con los músculos centrales del abdomen.
- Al terminar, inhala y sostén la respiración por cinco segundos, exhala y relájate profundamente, manteniendo los ojos cerrados.

F. MODALIDADES DE CONTACTO ENERGÉTICO

1. Puntos de Activación Cerebral

Ve Lecturas Recomendadas: Dr. Paul Dennison, Gimnasia Cerebral (ilustrado como Botones Cerebrales)

Los Puntos de Activación Cerebral incluyen un contacto en dos puntos de Acupuntura del Meridiano del Riñón, los que estimulan las reservas de energía y el pensamiento claro y, el otro punto, sobre el ombligo, que activa tu energía vital y estimula el cerebro.

Este contacto es excelente cuando necesitas pensar con claridad y rapidez o, cuando te sientes confundido. Activa, tanto la energía vital del Meridiano del Riñón, como el Centro del Fuego del vientre. En la Acupuntura china, el Meridiano del Riñón se asocia con el cerebro. En la Terapia de la Polaridad, que está basado en el conocimiento Ayurvédico de la India, el abdomen se asocia con la cabeza, con la vitalidad y la claridad de pensamiento.

Cómo hacerlo:

- Coloca el pulgar y el dedo medio justo debajo de la clavícula, como a cuatro centímetros a cada lado del esternón.
- Junta las puntos de los dedos de tu otra mano y colócalos sobre el ombligo. Cambia de manos después de un minuto o dos. A veces resulta más calmante colocar la palma sobre el ombligo y, poner las puntas de los dedos, produce un efecto revitalizante.

2. Golpeteo sobre el Timo

La glándula del timo está asociada con el corazón y el sistema inmunológico. Dar pequeños golpes sobre el timo activa el sistema inmunológico y también te centra en tu corazón, que está asociado con el amor.

Cómo hacerlo:

- Da pequeños golpes suaves sobre el esternón, como cinco centímetros por debajo del sitio donde se conectan los huesos de la clavícula.

- A algunas personas les gusta hacerlo a ritmo de vals: 1-2-3, que es similar al latido del corazón y que es muy revitalizante.

3. Pegar la Lengua al Paladar

Poner la lengua en el paladar ayuda a sincronizar las ondas cerebrales de ambos hemisferios, lo que produce un efecto calmante. Mantener la lengua ahí mientras haces la mayoría de las Modalidades es una excelente idea. Y, prueba hacerlo cuando escuches a los demás.

Cómo hacerlo:

- Coloca la parte superior de la lengua sobre el paladar, justo detrás de los dientes, o un poco más atrás sobre el paladar duro, lo que te sea más cómodo. Mantén esta posición, relájate y respira suavemente.

4. Masaje de Orejas para la Escucha y la Memoria

Las orejas están asociadas con nuestra capacidad de oír y también con el equilibrio físico y la memoria. Las orejas son un reflejo de todo nuestro cuerpo. Dar masaje a las orejas, moverlas con movimientos circulares y presionar los puntos de Acupuntura – cientos de los cuales se encuentran en las orejas – van a revitalizar y relajar las frecuencias de todo el sistema cuerpo-mente-emociones; esto puede tener un efecto positivo en la escucha, la memoria y el equilibrio. Es también excelente para el dolor de espalda.

Cómo hacerlo:

- Pon los pulgares detrás de cada oreja y, suavemente, coloca los dedos índice dentro de ellas. (Cuida de no meter los dedos en el canal auditivo.)

- Haz una tracción circular lenta y suave, estira y tira suavemente de las orejas o masajea los puntos sensibles.

- Puedes trabajar la parte superior y los lados de las orejas, poniendo los dedos detrás de ellas y los pulgares en el frente, repite la tracción o el masaje a los puntos sensibles.

5. Zip-Ups

Los *Zip-Ups* fortalecen y revitalizan tu energía medular a lo largo de la línea conocida en la Acupuntura china como Vaso Concepción *(esto se enseña en el seminario de* TRANSFORMACIÓN DE LOS PATRONES DE LOS CINCO ELEMENTOS Y LOS MERIDIANOS*)*.

Hacer Zip-Ups nos da fuerza y energía. Si los haces cuando escuchas o ves imágenes, palabras, acciones o sonidos negativos, tus frecuencias se mantendrán sincrónicas y podrás mantener tu energía, tu fuerza, tu confianza y tu vitalidad. Hacer Zip-Ups en situaciones estresantes te ayudará a mantenerte centrado. Asimismo, hacerlos, sutilmente, para otra persona (como parte de un gesto lento y natural, moviendo tu mano hacia arriba mientras hablas con él/ella), también produce ese efecto calmante y fortalecedor en el otro y en ti. Esto es particularmente útil cuando estás con un niño alterado, en alguna emergencia o, aun cuando te sientes amenazado por alguien.

Cómo hacerlo:

- Con la palma de la mano hacia arriba – derecha o izquierda – separada de la pelvis por pocos centímetros, muévela lentamente de la pelvis hasta tu barbilla. Evita mover la mano hacia **abajo** por el frente de tu cuerpo y tampoco hagas el movimiento hacia arriba demasiado rápido.

6. Estirarse los dedos

Cada uno de los dedos de manos y pies está asociado con alguno de los cinco mayores centros de reserva relacionados con el sistema glandular del cuerpo, conocidos en la India como Chakras. Estos centros controlan todos los aspectos de tu salud física, así como la manera en la que te sientes y piensas. En el seminario de TRANSFORMACIÓN DE LOS PATRONES DE LOS CHAKRAS vas a aprender los detalles de cómo mantener tu bienestar físico, emocional y mental, y cómo usar el poder de tus dedos y manos para equilibrarte y vitalizarte a ti y a los demás.

Simplemente sobar los dedos – apretarlos, sostenerlos, masajearlos y estirarlos – es un contacto energético muy poderoso. Donde te encuentres, en cualquier situación, puedes (**vm**) qué dedo lo necesita, como manera de mantenerte centrado y con energía, o para cambiar tu resonancia con algún problema y resonar con tus intenciones.

Una señora mayor estaba en cama, sin poderse mover, con un fuerte dolor de espalda. Un facilitador de *Resonance Repatterning* le sugirió que hiciera esta Modalidad mientras estaba en la cama. Así lo hizo y se sorprendió de lo rápido que pudo volver a caminar. A los adolescentes y universitarios les encanta hacer esta Modalidad cuando se sienten frustrados, nerviosos y sin confianza al presentar un examen.

Cómo hacerlo:

- (**vm**) Necesito comenzar con el (pulgar • índice • medio • anular • meñique)?
- Presiona el dedo con el pulgar y el índice de la otra mano: de lado a lado, atrás y adelante, especialmente donde haya dolor.
- Finalmente, estira cada dedo con firmeza, desde la base de la articulación, luego, en la articulación central, para terminar con la última falange de cada dedo.

INFORMACIÓN ACERCA DE TU SISTEMA DE BIORRETROALIMENTACIÓN –

EL SENTIDO DEL SENTIR Y LA VERIFICACIÓN MUSCULAR

TU SISTEMA NERVIOSO AUTÓNOMO

Tu cuerpo está continuamente respondiendo a las mínimas señales más pequeñas de tu entorno, así como a las que vienen desde tu interior: tus pensamientos, sentimientos, química corporal y cargas electromagnéticas. Puedes sentir algunas de estas señales de manera consciente a través de tu *sentido del sentir*:

- tu respiración (relajada y suave o contenida, colapsada o por la boca);
- tus respuestas musculares (relajadas o tensas);
- el latido de tu corazón (acelerado o relajado);
- tus glándulas sudoríparas (sudando o no),
- tus sentimientos (contento y cómodo o ansioso, temeroso y con rabia).

Tu sistema nervioso autónomo está compuesto de dos ramas:

- el sistema nervioso simpático (SNS) y el parasimpático (SNP),
    - tu SNS acelera las cosas y te prepara para la acción,
    - tu SNP desacelera las cosas y te prepara para relajación, para crear lazos afectivos, para digerir la comida y para dormir.

Tu sistema nervioso autónomo – tanto el SNS como el SNP – controla cerca del 90% de las funciones de tu cuerpo: la respiración, los latidos del corazón, la digestión y las millones de respuestas por segundo de tus células que te mantienen vivo y saludable.

Los músculos – aproximadamente 600 – están también bajo el control de tu sistema sistema nervioso autónomo. Por ejemplo, cuando tocas un plato caliente, instantáneamente tienes el reflejo de retirar la mano antes de tener tiempo de pensar en ello conscientemente. Este acto reflejo impide que te quemes. Si dependiera de tu sistema nervioso central, que es mucho más lento, para mandar mensajes de ida y de vuelta, tu mano se quemaría indudablemente. Tu sistema nervioso autónomo recoge la señal – ya sea de tu interior o de tu entorno – e, **instantáneamente**, pone tus músculos en marcha y, cuando el peligro ha pasado, hace que se relajen una vez más.

Cada músculo tiene una respuesta *on/off*

Los músculos se contraen con fuerza y energía para entrar en acción o se relajan cuando no se necesita. A esto se le llama respuesta binaria porque los músculos responden en una de dos maneras ('bi'). Estas respuestas, *on*/activa y *off*/relajada, permiten la supervivencia.

Tu sistema nervioso autónomo

- **controla tus respuestas musculares reflejas que coadyuvan a tu supervivencia,**
- **te permite saber lo que apoya la subsistencia, la vida y la coherencia, y lo que no – a través de tu *sentido del sentir*.**

Estás programado para el éxito y la supervivencia a través de tu *sentido del sentir* y tus respuestas musculares, que están principlamente controlados por tu sistema nervioso autónomo.

ENTIENDE Y PERCIBE TU SENTIDO DEL SENTIR

A. Cierra los ojos y piensa en un problema

- Ve el problema.
- Escucha el problema.
- Siente el problema.

B. Observa la respuesta de tu *sentido del sentir* (reflejo SNS) a esta situación

- Observa tu respiración.
- Fíjate si hay tensión múscular en tus manos, brazos, cuello, hombros, pecho, abdomen, cadera o piernas.
- Presta atención a tu cara – particularmente la mandíbula, boca y ojos.
- Observa si tus manos están sudando, si tu boca está seca o si tu corazón se acelera.
- Observa cómo te sientes.

C. Comunica tu respuesta

- Después de haber observado la respuesta de tu *sentido del sentir*, abre los ojos.
- Anota tus respuestas o, si estás con otra persona, intercambia tus reacciones.

Las respuestas de estrés te permiten saber que tu problema es un factor de tensión – está creando frecuencias no-coherentes y asincrónicas en tu campo energético cuerpo-mente. **Esta no-coherencia se produce por el solo hecho de pensar en el problema – ni siquiera por la experiencia misma de éste.**

Tu sistema nervioso autónomo, a través de tus respuestas musculares, te está preparando para 'luchar' contra el pensamiento de tu problema o, a 'huir' del pensamiento de tu problema, sin importar que el problema esté presente sólo en tu mente y que ninguna de estas respuestas de luchar o huir van a resolver la causa de tu situación actual de amenaza.

Cuando estamos atorados en estas respuestas de lucha-huida, nos quedamos atrapados en una respuesta de 'protección' que no nos permite avanzar hacia lo que queremos en la vida.

D. Una Modalidad para crear un cambio positivo

Ahora puedes (**vm**) la Modalidad que necesitas para volver a sincronizar tus frecuencias – para crear coherencia en las frecuencias de tu cuerpo-mente en relación al Paso A, el problema con el que te estás enfrentando. La Modalidad produce un estado superior de orden y equilibrio que te ofrece una perspectiva nueva y positiva. Cuando nuestro sistema es coherente, automáticamente tenemos una respuesta de 'crecimiento' que nos permite avanzar hacia lo que queremos en la vida.

E. Observa la nueva respuesta de tu *sentido del sentir*

Al terminar la Modalidad, vuelve a cerrar los ojos. Piensa en el mismo problema. Observa si estás respondiendo al problema de una manera diferente.

- Observa tu respiración.
- Observa si la tensión que sentiste con anterioridad se ha ido.
- Observa cómo te sientes.

F. Anota o intercambia tu nueva respuesta

Abre los ojos e intercambia los cambios positivos que observaste. La posibilidad de ver la situación de una manera nueva y positiva muestra que las frecuencias relacionadas con el problema ahora son coherentes, sincrónicas y ordenadas. Esta nueva respuesta de crecimiento te lleva a sentir un estado de expansión y bienestar, y te da la energía y la fuerza para manejar tus problemas de otra manera. Este es el comienzo del cambio extraordinario.

LA VERIFICACIÓN MUSCULAR – LA HERRAMIENTA DE BIORRETROALIMENTACIÓN QUE SE USA EN RESONANCE REPATTERNING

Un sistema nervioso autónomo en buen funcionamiento – que prende y apaga el SNS (que activa) y el SNP (que relaja) como se precise – sabe lo que necesitamos para nuestra salud y bienestar en todos los niveles.

Ya que nuestro sistema nervioso autónomo detona nuestras respuestas musculares de reflejo, podemos tener acceso a él (y al medio externo e interno al que responde) a través de nuestra respuesta muscular de reflejo *on/off*.

Al usar la respuesta *on/off* de un músculo cuando se le aplica cierta presión, podemos saber lo que crea una respuesta coherente en nuestro campo de frecuencias cuerpo-mente-emociones y lo que no.

En el sistema de *Resonance Repatterning* accedemos al sistema nervioso autónomo usando un grupo específico de músculos para obtener una respuesta de reflejo *on* o una respuesta *off*. A esta herramienta, que otros facilitadores y quiroprácticos también utilizan, le llamamos 'verificación muscular' en el sistema de *Resonance Repatterning*.

Si usas la respuesta muscular de reflejo *on/off* de tus dedos, puedes identificar rápidamente qué Modalidad va a crear coherencia y cambio positivo, y cuáles no. En el sistema de *Resonance Repatterning*, a este tipo de verificación muscular se le llama **verificación muscular de la coherencia.**

CUANDO SE VERIFICA MUSCULARMENTE UNA MODALIDAD

- **una respuesta muscular (*on*) indica que "esto crea coherencia y orden en mi campo de frecuencias cuerpo-mente-emociones en este momento";**

- **una respuesta muscular (*off*) indica que "esto no crea coherencia y orden en mi campo de frecuencias cuerpo-mente-emociones en este momento".**

EL PROCESO DE CINCO PASOS PARA ACCEDER A TU SISTEMA NERVIOSO AUTÓNOMO A TRAVÉS DE LA RESPUESTA ON/OFF DE LOS MÚSCULOS DE TUS DEDOS

1. Junta las yemas del pulgar y del índice.

2. Crea un circuito cerebro-nervios-cuerpo al pasar varias veces el dedo índice de la otra mano entre el pulgar e índice que siguen unidos.

3. *Di:* "Voy a presionar el pulgar y el índice y quiero que se mantengan juntos."
   - Presiona y, suavemente, trata de pasar el índice de tu otra mano entre ellos.
   - Siguen juntos. *Di:* "Muy bien. Esta es una respuesta *(on)*."

4. *Ahora di:* "Voy a presionar el pulgar y el índice y quiero que se relajen y se separen."
   - Presiona y pasa, con facilidad, el índice de tu otra mano entre ellos.
   - Se separan. *Di:* "Muy bien. Esta es una respuesta *(off)*."

5. Practica varias veces las respuestas reflejas *(on)* y *(off)*:
   - *Di:* "Dame una respuesta *(on)*." Presiona, tu índice no pasa entre el pulgar e índice de la otra mano. *Di:* "Muy bien."
   - *Ahora di:* "Dame una respuesta *(off)*." Presiona, tu índice pasa fácilmente entre el pulgar e índice de la otra mano. *Di:* "Muy bien."

Para comenzar, utiliza este proceso de cinco pasos cuando no estés seguro de tener un indicador muscular. Si pierdes la confianza o sientes confusión en cuanto a la herramienta de la verificación muscular, haz una pausa, respira, toma un poco de agua y, después, con calma, haz este proceso de cinco pasos. Los facilitadores y maestros de *Resonance Repatterning*, a pesar de su experiencia, usan el Paso 5 de este proceso cada vez que necesitan confirmar que tienen un indicador muscular.

Recuerda, en los primeros seminarios de Resonance Repatterning *se te enseña esta herramienta de biorretroalimentación en detalle y ahí la practicas con la ayuda de los maestros del IRR. Parece muy fácil aprender esta herramienta, sin embargo, usarla eficientemente puede crear preguntas del cerebro izquierdo que necesitan contestarse, motivar dudas acerca de si se puede confiar en ella y, a menudo, detonar ciertos problemas subyacentes de falta de confianza y valoración en uno mismo. A todo esto se le dedica tiempo y se resuelve de una manera natural durante un seminario; quizás no lo puedas resolver satisfactoria o totalmente si sólo lees este libro.*

PRACTICA LA VERIFICACIÓN MUSCULAR DE TU BIORRESONANCIA CON LAS MODALIDADES

Échale un vistazo al Índice de Modalidades (página azul). Observa qué pone (**vm**). Esto significa que "verifiques muscularmente en ti mismo" para encontrar lo que va a crear coherencia o un cambio cuántico en tu campo de frecuencias cuerpo-mente-emociones.

- Asegúrate de tener un indicador: "Dame una respuesta (*on*). Muy bien. Dame una respuesta (*off*). Muy bien."
- Ahora di en voz alta: "¿Necesito hacer (*nombre de la Modalidad*)?" y luego (**vm**).
- Si tus dedos se mantienen juntos, esta es una respuesta ***(on)***. Lo que te permite saber que al hacer la Modalidad que estás verificando, vas a crear coherencia y orden en tu campo de frecuencias cuerpo-mente-emociones en este momento.
- Si tus dedos se relajan y se separan, esta es una respuesta ***(off)***. Lo que te permite saber que con la Modalidad que estás verificando, no vas a crear coherencia y orden en tu campo de frecuencias cuerpo-mente-emociones en este momento.
- Ninguna Modalidad es ni 'buena', ni 'mala'. Tu respuesta muscular simplemente te está diciendo qué tan efectiva es una Modalidad en este momento preciso para ayudarte a crear más coherencia y orden en tu campo de frecuencias cuerpo-mente-emociones.
- Durante el seminario de MANIFIESTA TU PODER, vas a aprender veintiséis Modalidades. Al seguir expandiendo tu banco de datos de Modalidades, tu verificación muscular tendrá más opciones para responder y, de esta manera, estarás refinando tu herramienta para un cambio positivo efectivo.

PARA QUÉ SE USA LA VERIFICACIÓN MUSCULAR Y PARA QUÉ NO SE USA

La verificación muscular de la coherencia se usa en una sesión de *Resonance Repatterning* para identificar lo que va a crear coherencia en tu campo de frecuencias cuerpo-mente-emociones y va a proporcionar un estado de bienestar a tu sistema.

En el seminario de Manifiesta tu Poder vas a aprender la verificación muscular en ti mismo, para descubrir lo que te trae más coherencia en el contexto de la sesión de *Resonance Repatterning* que te estés haciendo. La verificación muscular en otra persona se enseña en el seminario de Fundamentos.

- **La verificación muscular no identifica lo que es cierto o falso.** Por ejemplo, la verificación muscular no puede identificar si tienes cáncer o no o, si alguien fue víctima de una violación o no. Si alguien **resuena** con el 'cáncer', tu verificación muscular puede indicar que tiene cáncer, cuando no sea el caso. *Ve* LOS FUNDAMENTOS DE RESONANCE REPATTERNING *para más detalles acerca de los factores de resonancia involucrados.*
- **La verificación muscular no es ni psiquismo, ni magia.**
- **La verificación muscular no predice el futuro,** ni identifica qué casa hay que comprar y tampoco de quién hay que ser amigo o con quién hay que salir.
- **La verificación muscular no puede usarse para saber si necesitas un medicamento o una intervención médica.** El efecto de los medicamentos siempre es no-coherente, como puede verse en la lista de efectos secundarios en un Vademécum. Esta es la razón por la cual todo diagnóstico y receta médica tienen que estar en las manos de un médico, quien tomará en cuenta lo que es esencial y vital, así como sus riesgos.
- **La verificación muscular no se usa para tomar decisiones importantes.** Uno se siente tentado a tomar decisiones sí/no, ya sea para sí mismo o para otro. Si usas la verificación muscular con este fin, te acarreará confusión y respuestas erróneas. La toma de decisiones es un proceso complejo y creativo. Hay que

considerar, tanto las opciones, como las consecuencias de cada elección. *Resonance Repatterning* puede ayudar a resolver los patrones no-coherentes para que puedas tomar decisiones coherentes – desde tu corazón y también desde la cabeza – que lleven a un propósito y a un estado de realización.

- **Para lo que sí se usa la verificación muscular**. En *Resonance Repatterning*, (**vm**) – la verificación muscular en uno mismo – se usa para identificar cualquier modalidad (ya sea las opciones del Mandala o una Modalidad para la auto-sanación de la lista) que va a sincronizar tus frecuencias para que vibren de una manera coherente y ordenada. Una vez restablecidos el orden y el equilibrio, automáticamente tendrás una sensación de bienestar, mayor confianza en ti mismo y más habilidad para pensar con nitidez – todo esto te ayudará a manejar los problemas con claridad y a tomar decisiones responsables.

LA PRÁCTICA DE TUS DESTREZAS

DESARROLLA TUS DESTREZAS

- Las investigaciones sobre atletas han demostrado que cuando se plantean una intención y se visualizan desempeñando su deporte a la perfección, tienen un mejor desempeño que aquellos que tan solo practican.
- Antes de hacerte una sesión a ti mismo/a o de darle una sesión a otra persona, tómate un instante para visualizarte realizando el proceso con facilidad, alegría y confianza en ti mismo/a.
- Puedes crear tu intención y realizar una opción energetizante antes de practicar cualquiera de estas destrezas.

El desarrollar tus destrezas para marcar la diferencia en tu propia vida y la de los demás consiste en:

- **Leer este libro** – esto reforzará la información básica que necesitas y también te ayudará a visualizar tu práctica con mayor facilidad y perfección. **Resalta las partes del libro que te resulten importantes y que desees recordar.**
- **Realizar opciones energetizantes** en ti mismo/a y en otros. Descarga las opciones energetizantes (audios y videos) demostradas de manera detallada por Chloe Faith Wordsworth. Practica realizar estas opciones energetizantes a la par con ella, lo cual te enseñará cómo hacer las opciones energetizantes con tus consultantes.
- **Experimentar las diferentes secciones del Mandala** que hayas aprendido en FUNDAMENTOS en ti mismo/a.
- **Practicar las diferentes secciones del Mandala** en otros. *Ve a ResonanceRepatterning.com > Home Study para acceder al curso de estudios a distancia sobre la verificación muscular impartido por Chloe Faith Wordsworth*

QUIÉNES PUEDEN OFRECER SESIONES DE RESONANCE REPATTERNING

Cualquiera puede leer los libros de Resonance Repatterning, ver los videos de los seminarios de Chloe Faith Wordsworth y aplicar el entendimiento que obtengan tanto para sus propios conocimientos personales como para su crecimiento de la manera que más le beneficie.

El Instituto Internacional de Resonance Repatterning (IIRR) estipula los siguientes requisitos para dar sesiones de Resonance Repatterning:

- **Los alumnos del Instituto Internacional de RR:** se invita a los alumnos que hayan asistido a uno o más de los seminarios de RR, pero que aún no hayan alcanzado un nivel adecuado de competencia, a que ofrezcan dar sesiones de Resonance Repatterning sobre todo a las amistades y familiares que elijan recibir sesiones por parte de ellos. Sin embargo, no cuentan con licencia profesional para practicar y es su responsabilidad comunicarles esto a sus consultantes antes de darles una sesión para que así estén plenamente informados.
- **Los facilitadores del Instituto Internacional de RR:** Se trata del primer nivel de competencia dentro del sistema de Resonance Repatterning, que permite que tus consultantes identifiquen que has alcanzado un nivel de competencia básico en las sesiones de Resonance Repatterning que des.
- **Los facilitadores avanzados del Instituto Internacional de RR:** La formación avanzada del Instituto Internacional de RR es para quienes deseen manejar el sistema de Resonance Repatterning con maestría para su propio crecimiento personal y para su práctica profesional, y que hayan cubierto todos los criterios para alcanzar un nivel avanzado.
- **Los facilitadores certificados del Instituto Internacional de RR:** Después de haber obtenido la categoría de facilitador a través del Instituto Internacional de RR, en cualquier momento los facilitadores podrán cubrir los requisitos para obtener su certificación profesional. Los facilitadores que alcanzan la certificación son los que se dedican al oficio y desean tener una práctica profesional que apoye y enaltezca a sus consultantes.

DIRECTORIOS DE FACILITADORES DE RESONANCE REPATTERNING

- **El Instituto Internacional de Resonance Repatterning (IIRR).** Visita: *ResonanceRepatterning.com*
- **La Asociación de Facilitadores de Resonance Repatterning (Repatterning Practitioner Association/RPA),** una asociación sin fines de lucro en Estados Unidos que ofrece un programa de certificación para terceras partes, un congreso anual, apoyo a facilitadores y una lista de facilitadores de RR certificados por la RPA. Visita: *RPAmembers.org*
- **La RR Asociación Educativa A.C.:** La Asociación Mexicana proporciona una licencia gubernamental para los facilitadores que hayan recibido su Diploma de RR y que cumplan con los requisitos de certificación de la Asociación Mexicana. La licencia gubernamental otorgada por la Secretaría del Trabajo y Previsión Social (STPS) avala a los facilitadores de RR para que practiquen Resonance Repatterning en México. Para información más detallada, visita: *ResonanceRepatterning-Mexico.com*
- **Colegio de Transformación de la Resonancia (CTR)** publica la lista de facilitadores de RR en México que son miembros del Colegio. Visita: *ColegioTR.com*
- **Fundación de Resonance Repatterning de la India (Resonance Repatterning India Foundation)** publica la lista de facilitadores de RR en la India. Visita: *ResonanceRepatterningIndia.com*

Cualquiera que tenga interés en ofrecer sesiones de Resonance Repatterning (RR) con un nivel profesional a consultantes necesita estudiar Resonance Repatterning con una maestra certificada de RR.

El Instituto Internacional de Resonance Repatterning (IIRR), sus maestras avaladas y las Asociaciones / Fundaciones / Colegios no son responsables de cómo se utilice la información de los libros de Resonance Repatterning, los videos de los seminarios y/o los seminarios de Resonance Repatterning.

Chloe Faith Wordsworth, la autora de los libros de Resonance Repatterning, de ninguna manera es responsable de cómo se utilice la información de los libros de Resonance Repatterning, los videos de los seminarios y/o los seminarios de Resonance Repatterning.

GLOSARIO

Para un glosario más detallado, consulta UN SISTEMA PARA EL CAMBIO CUÁNTICO de Chloe Faith Wordsworth. Ve *ResonananceRepatterning.com*

sistema nervioso autónomo

El sistema nervioso autónomo está compuesto de dos ramas: el simpático (SNS) y el parasimpático (SNP), éstos tienen funciones opuestas. El SNS acelera las funciones corporales, tales como el latido del corazón y la circulación de la sangre hacia los músculos – especialmente hacia los brazos y piernas en preparación para la acción. El SNP tiene un efecto relajante, hace que las funciones corporales se hagan más lentas, lo que permite que el flujo sanguíneo vaya directamente hacia los órganos para que sus funciones continúen con sus procesos vitales. Tanto el SNS como el SNP trabajan de manera inconsciente: no necesitamos esforzarnos para controlar su función, a menos de que nos hayamos entrenado a través de la meditación y de otras prácticas, como el Yoga. El sistema nervioso autónomo trabaja de una manera instantánea y refleja (como cuando retiramos la mano del fuego para no quemarnos), nos da las reacciones necesarias para la sobrevivencia.

biorretroalimentación

Nuestros sistemas nerviosos simpáticos y parasimpáticos responden a cualquier cosa que ocurre en nuestro alrededor, así como a lo que sucede dentro de nuestro cuerpo, a nuestros pensamientos y a nuestros sentimientos, incluso al campo energético en el cual vivimos. La retroalimentación en referencia a las respuestas de nuestro sistema nervioso se hace presente a través de nuestra respiración, la tensión muscular y la relajación, el pulso, el sudor y nuestra sensación de bienestar o incomodidad – todo esto se conoce como nuestro *'sentido del sentir'.* Poniendo atención a las respuestas de nuestro cuerpo y con un método para descifrar el mensaje que nos quiere comunicar, descubrimos que nuestras respuestas de biorretroalimentación son un maravilloso regalo que apoya nuestro bienestar general.

El Efecto Mariposa

Éste es un término que se usa en la física moderna para describir cómo, en un nivel subatómico, las mínimas acciones que se llevan a cabo en algún lugar, pueden tener un efecto enorme sobre todo un sistema. Se dice que, a nivel subatómico, el movimiento de las alas de una mariposa en Japón, puede producir un huracán en Texas. El Efecto Mariposa ilustra la interrelación de todas las cosas, y el inmenso efecto potencial que cada acción o pensamiento tiene en un sistema no lineal, sin importar qué tan insignificante parezca ser la acción o el pensamiento.

coherencia

Desde el punto de vista de la Física moderna, la coherencia es un estado energético superior, en el cual, un enorme número de partículas subatómicas presenta una interrelación ordenada y se comporta de una manera cohesiva y sincronizada. Como ejemplo de la coherencia tenemos el láser: todas las ondas de luz están en sincronía y son de una misma frecuencia. Un rayo de luz como tal, es intenso y enfocado; cuando se transmite, incluso a largas distancias, ni se dispersa, ni se debilita. La coherencia habla, también, de aquéllos que viven como un todo integrado, cooperan y trabajan juntos con un sentido de unidad, armonía, enfoque, fuerza y vitalidad. En *Resonance Repatterning* usamos la palabra coherencia cuando nos referimos a las frecuencias del cuerpo-mente-emociones que están en sincronía, que son armoniosas y que incrementan los estados mentales positivos. Los sentimientos y estados mentales negativos constan de frecuencias asincrónicas y siempre son no-coherentes y caóticas.

salto cuántico

Un salto cuántico sucede cuando los electrones que están dentro de un átomo saltan abruptamente de una órbita de energía a otra. Es un movimiento repentino que va de un estado energético a otro, sin ninguna transición entre uno y otro. No se puede predecir un salto cuántico por lo que estaba ocurriendo antes de que se dé el brinco. Este término de la física cuántica describe cualquier cambio positivo inesperado e instantáneo que no podía predecirse por lo que estaba pasando antes de que se diera.

resonancia

La resonancia se refiere a la frecuencia o pulsación con la que un objeto vibra de manera natural – su frecuencia resonante. Si dos objetos vibran a la misma frecuencia, se dice que están en resonancia; si no vibran a velocidades idénticas, entonces, no resuenan. Un ejemplo común de la resonancia ocurre cuando se golpea un diapasón y hace que otro diapasón de la misma nota que no se ha golpeado, comience a vibrar también. Ya que los dos diapasones están en resonancia – es decir que vibran naturalmente a la misma frecuencia o pulsación, están 'entonados' entre sí – uno activa al otro e intercambian energía entre sí. Siempre que hay resonancia entre dos o más objetos, personas o sus sentimientos e ideas, se activa y se intercambia energía.

RECURSOS

SUGERENCIAS DE CDS PARA EL MOVIMIENTO LIBRE

- Abba. *Greatest Hits.*
- *Afro-Latino.* Putumayo World Music. *(Bueno para ritmo de rumba)*
- *Ballroom Solitaire. (Bueno para ritmo de rumba, vals, bolero, swing y otros bailes)*
- Louis Armstrong. *A Portrait.*
- Beatles. *Abbey Road.*
- Andrea Bocelli. *Romanza. (La pista # 7 es buena para ritmo de rumba)*
- *Brainwave Symphony. (Cuatro CDs de música que activa las ondas cerebrales beta, alfa, theta y delta) ResonanceRepatterning.com/eStore/*
- Aretha Franklin. *Love Songs.*
- *The Best Cuban Album in the World – Ever.* Virgin Records.
- *God's Cricket Chorus. (El coro de grillos) ResonanceRepatterning.com/eStore/*
- Gypsy Kings. *Greatest Hits.*
- Brent Lewis. *Earth Tribe Rhythms.*
- Ray Lynch. *Deep Breakfast.*
- Luis Miguel. *Segundo Romance.*
- Van Morrison. *Moon Dance.*
- Wolfgang Amadeus Mozart. *(Concierto para piano número 21. También sus operas, sinfonías y conciertos)*
- *Relax with the Classics,* Vol. 4.
- John Rutter. *Gloria: The Sacred Music of John Rutter. (el #13 es particularmente bello)*
- The Swingle Singers. *Bach Hits Back.*

LECTURAS RECOMENDADAS PARA MANIFIESTA TU PODER

Batmanghelidj, F., MD. *Your Body's Many Cries for Water.* Falls Church, VA: Global Health Solutions, 1995.

Diamond, John, MD. *Your Body Doesn't Lie.* New York, NY: Warner Books, 1980.

Emoto, Masaru. *The Message from Water.* IHM

Goldman, Jonathan. *Healing Sounds: The Power of Harmonics.* Rockport, MA: Element, 1992.

Hale, Teresa. *Breathing Free.* London: Hodder and Stoughton, 1999.

Jenny, Hans. *Cymatics.* Basel: Basilius Presse, 1974.

Leonard, George. *The Silent Pulse.* Nueva York, NY: E.P. Dutton, 1978.

Liberman, Jacob. *Light Medicine of the Future.* Santa Fe, NM: Bear and Company Publishing, 1991.

Marshall, Ian and Danah Zohar. *Who's Afraid of Schrodinger's Cat: An A-Z Guide to All the New Science Ideas You Need to Keep Up With in New Thinking.* Nueva York, NY: Quill, 1998.

Omura, Richard S. *Katsugen: The Gentle Art of Well-Being.* Lincoln, NE: Writers Club Press, 2000.

Oschman, James L., PhD. *Energy Medicine: The Scientific Basis.* London: Harcourt Publishers, 2000.

Ott, John, PhD. *Health and Light.* Alpharetta, GA: Ariel Press, 1973.

Ramdev, Swami. *Pranayama: Its Philosophy and Practice.* Hardwar, India: Divyaprakashan, 2005.

ÍNDICE DE LOS PROGRAMAS DE RADIO POR INTERNET: VIVIR EN SINTONÍA DE CHLOE Y DE LAS TPRS ORIGINALES

Las sesiones con Chloe en estos programas están disponibles en tres libros:
VIVIR EN SINTONÍA CON TU LUZ, VIVIR EN SINTONÍA CON TU CORAZÓN
y VIVIR EN SINTONÍA CON TU VIDA – DISPONIBLES EN AMAZON

Escucha los programas sin costo en: ResonanceRepatterning.com > Living in Tune

Todos los programas de radio y las TPRs son con Chloe a menos que se indique la participación de otra persona o personas

NO.	TÍTULO DEL PROGRAMA DE RADIO	NOMBRE DE LA TPR
1	Mastering Time	**Mastering Time Repatterning**
2	Uncomfortable in Groups – Finding Your Star Quality	**Group Oneness Repatterning**
3	Self-Mastery and Problems	**Problems into Opportunities Repatterning**
4	The Seven Opportunities in Every Problem	**Seven Opportunities Repatterning**
5	Infinite Possibilities – The Nine Steps for Transcending Limiting Beliefs	**Nine Steps for Transcending Limiting Beliefs Repatterning**
6	Trigger Reactions and Stress: The Five Steps and Ten Actions for Higher Brain Possibilities	**Stress Repatterning**
7	Five Secrets to the Winning Strategy	**Five Secrets Repatterning**
8	The Truth Within Your Goals	**Truth Within Your Goals Repatterning**
9	The Mystery of Your Power – Access It, Live It	**Mystery of Your Light Repatterning**
10	The Blessing of Anger – Quantum Leap to a New Way of Being	**Blessing of Anger Repatterning**
11	The Marriage of Your Yin and Yang: "Living Happily Ever After"	**Yin-Yang Spirit-Mind Repatterning**
12	The Power of Your Self-Image – Does it Limit or Express the Essence of You?	**Inner Nature Repatterning**
13	How Does Your Heart Reach the Heart of Another?	**Reaching the Heart Repatterning**

14	Your Breath – The Fascinating Miracle of Life and Health	**Breath for Life Repatterning**
15	Commitment to Your Self – The Challenge to Greatness	**Commitment to Greatness Repatterning**
16	Living Your Dreams	**Living Your Dreams Repatterning**
17	The Creative Life – Living Your Note	**Creative Life Repatterning**
18	Quantum Physics, the Nature of the Hologram and Resonance Repatterning	*Guest Host: Michael Fisher, Resonance Repatterning Teacher and Practitioner*
19	Recession Proof Your Business	*Guest Host: Carolyn Winter, RR Practitioner & President, RPA* – Recession Proof Repatterning *by Carolyn Winter*
20	Turn Your Fear into Courage and Power	**Fear to Courage Repatterning**
21	Maturity and the Five Elements of Chinese Acupuncture	**Maturity in Relationship Repatterning**
22	True Abundance	**True Abundance Repatterning**
23	Communicating for Connection	**Communicating for Connection Repatterning**
24	Crack in the Vase – and the Secret It Holds	**Jealousy Repatterning for Radiating Your Light**
25	Depression – There Are Answers	**Depression Repatterning**
26	The Hero Within – Celebrating Our Journeys	**Hero Within Repatterning**
27	How Your Birth Journey Affects Your Life and Relationships	*Chloe interviews Guest: Ray Castellino, DC, Director BEBA*
28	The Secret of Your Ears – How They Recharge Your Brain	*Chloe interviews Guest: Billie Thompson, PhD, Director of Sound Listening*
29	Feng Shui and Resonance Repatterning	*Chloe interviews Guest: Sandy Sue Rector, Feng Shui Expert*
30	Facial Diagnosis	*Chloe interviews Guest: David Card, Author and Homeopath*
31	From Illness to Health – Transforming the World, One Family at a Time	*Chloe interviews Guest: Victoria Boutenko, Author and Speaker*
32	A New Look at Weight: The Hidden Message We Need to Hear	**Weight Repatterning**
33	The Song of Your Spine	*Chloe interviews Guest: Dr. June Leslie Wieder, DC*
34	The Healing Power of Magnets	*Chloe interviews Guest: Dr. Arthur Cushing*

35	Food and Disease, Food and Health	*Chloe interviews Guest: Dr. Brian Clement, Director, Hippocrates Institute*
36	Healing Your Family System	*Chloe interviews Guest: Magui Block, Teacher of RR, Author and Therapist*
37	The 80/10/10 Diet	*Chloe interviews Guest: Dr. Doug Graham, Author of the 80/10/10 Diet*
38	Resonance Repatterning Practitioners and Teachers	*Guest Host: Ardis Ozborn, RR Teacher and Practitioner, interviewing four practitioners*
39	Jump for Health, Strength and Vitality	*Chloe interviews Guest: Dave Hall, Developer of the Cellerciser*
40	Reach for Your Vision	**Envisioning Repatterning**
41	Non-Coherent and Coherent Triangles in Our Relationships	**Triangle Repatterning**
42	Rediscovering the Intelligence of the Heart	*Chloe interviews Guest: Joseph Chilton Pearce, Brain Researcher & Author*
43	From Birth to Breast	*Chloe interviews Guests: Dr. Ray Castellino, DC and Mary Jackson, RN*
44	Healing Trauma and Abuse	*Chloe interviews Guests: RR practitioners Tabitha Crook and April Gonzales*
45	Healing Our Animals, Healing Ourselves	*Chloe interviews Guest: RR practitioner Jonathan Martin*
46	Resonance Repatterning in a Center for Domestic Violence	*Chloe interviews Guest: RR Practitioner Shirley Collins*
47	The Yequana Indians and What They Teach Us	*Chloe interviews Guest: Jean Liedloff, Author, The Continuum Concept*
48	Successful People with Big Dreams Talk About the Impact Resonance Repatterning Has on Their Lives	*Chloe interviews four clients of RR practitioner Mary Schneider*
49	The Nature of Trauma, How it Manifests and the Tools for its Healing through Resonance Repatterning	*Chloe interviews Guest: RR Teacher and Practitioner Michelle Bongiorno*
50	Underlying Issues of Weight Disorders, Pain and Physical Issues – the Point of Choice – Resolved through Resonance Repatterning	*Chloe interviews Guests: RR practitioners Liz Tobin, Dorinda Hartson and Jane Winne*
51	The China Study – Creating Waves for Positive Change in Our Health	*Chloe interviews Guest: T. Colin Campbell, Professor Emeritus Cornell University and Director/Author of The China Study*
52	The Nine Yequana Principles for a Joy-Filled Life	**Nine Yequana Principles Repatterning**

VIDEOS PARA ESTUDIAR A DISTANCIA DE CHLOE

En los videos para estudiar a distancia, Chloe Wordsworth proporciona información fascinante y de gran utilidad que no se alcanza a cubrir en los seminarios del Instituto Internacional de RR.

La información que aparece en los diferentes VIDEOS PARA ESTUDIAR A DISTANCIA es altamente recomendable para cualquier alumno que se desee formar de manera profunda – o bien para cualquier persona que desee saber más sobre los diferentes cursos aunque todavía no tengan intenciones de tomar los seminarios. Por ejemplo:

- **De la A a la Z de la verificación muscular** Este excelente VIDEO PARA ESTUDIAR A DISTANCIA es para quienes la verificación muscular –también conocida como kineseología aplicada– sea algo nuevo o bien para alumnos del nivel de Fundamentos. Chloe proporciona información de gran profundidad sobre la verificación muscular y demuestra diferentes maneras de verificar muscularmente. El VIDEO PARA ESTUDIAR A DISTANCIA DE LA A LA Z es muy útil para quienes vayan a tomar el seminario de Fundamentos o bien como un repaso después de haberlo tomado.
- **Las opciones energetizantes que se enseñan en el seminario de Fundamentos** La demostración y explicación que da Chloe de estas opciones energetizantes son una excelente preparación para tomar el seminario de Fundamentos – o bien son un buen repaso después de haber tomado el seminario. Este VIDEO PARA ESTUDIAR A DISTANCIA te permite repetir cada opción multiples veces para que quede profundamente grabado en tu base de datos.
- **Las 127 opciones energetizantes de** ¡ASCIENDE EN ESPIRAL! La demostración **de** Chloe de todas las opciones energetizantes en el libro de ¡ASCIENDE EN ESPIRAL! son un apoyo que te permite utilizar el libro con confianza en ti mismo/a y con claridad. Puede que prefieras conseguir este VIDEO PARA ESTUDIAR A DISTANCIA con las demostraciones de todas las opciones, en vez de la versión resumida que sólo cubre las opciones que se enseñan en el seminario de Fundamentos.
- **Los principios de polaridad y los contactos de los cinco chakras** En este VIDEO PARA ESTUDIAR A DISTANCIA, Chloe discute los principios de la Terapia de Polaridad y demuestra muchas maneras de polarizar la energía de cada chakra. Chloe muestra los tres niveles de contacto que se pueden necesitar para equilibrar la energía donde haya dolor o molestia.

- **El** VIDEO PARA ESTUDIAR A DISTANCIA **de los principios de las relaciones** es para quienquiera que tenga interés en los tres principios de las buenas relaciones. **En este** VIDEO PARA ESTUDIAR A DISTANCIA Chloe explica que cuando estamos en resonancia con los principios de la interdependencia, la sintonización y la polaridad, permite que podamos entrar en resonancia con la armonía, el respeto, el empoderamiento recíproco, la conexión de corazón a corazón, la seguridad y la alegría en nuestras relaciones. Cualquier problema que involucre a otra persona, también es nuestro problema y nos pide que para nuestra propia transformación, nos hagamos TPRs de relaciones y así cambiar nuestros patrones de relaciones y nuestra manera de relacionarnos.

- **El** VIDEO PARA ESTUDIAR A DISTANCIA **del Desarrollo Interior a través de los doce meridianos** es para cualquiera que tenga un interés en la acupuntura de los cinco elementos – aunque no hayan estudiado Resonance Repatterning. El seminario demuestra y aplica el conocimiento impartido en el VIDEO PARA ESTUDIAR A DISTANCIA, el cual se enfoca en la tradición interior del sistema de los cinco elementos de la acupuntura china, la ubicación de los puntos de acupuntura y cómo utilizar la luz y el color en los puntos de acupuntura. Los alumnos aprenden los principios para equilibrar las cinco emociones alteradas y las cinco esencias en relación al tipo constitucional a través de las veinticinco TPRs del seminario de meridianos avanzados, puntos específicos de acupuntura, e ilustra cinco mudras de la India asociadas con cada una de las esencias.

- **El** VIDEO PARA ESTUDIAR A DISTANCIA **de Energética de las relaciones** es para cualquiera que tenga interés en la energía y la autosanación de sus relaciones. **Este** VIDEO PARA ESTUDIAR A DISTANCIA te introduce a los cuatro componentes de un circuito eléctrico en términos de las relaciones. Chloe discute cómo mantener nuestras relaciones energéticamente cargadas – y cómo cambiar nuestra resonancia con aquello que drena esta carga energética. Cuando tenemos problemas de relación, se debe a que hemos drenado la carga energética, se ha bloqueado nuestro flujo de energía, hay un exceso de resistencia como resultado de un shock y trauma y nos hemos desconectado de la fuente de nuestra energía. El VIDEO PARA ESTUDIAR A DISTANCIA **de Energética de las relaciones** contiene material inspirador que vamos a querer escuchar muchísimas veces mientras trabajamos con nuestras relaciones y las de otros.

RECURSOS PARA ASCENDER EN ESPIRAL

Los siguientes recursos incluyen aquellos productos que se mencionan, se enseñan y se utilizan en los seminarios de Resonance Repatterning. En el libro de Chloe Faith Wordsworth, ¡ASCIENDE EN ESPIRAL! 127 OPCIONES ENERGETIZANTES PARA REALIZAR TU POTENCIAL AHORA se dan sugerencias sobre cómo utilizar cada opción energetizante. También hay sugerencias en los videos en los que Chloe da una demostración de cada una de las opciones energetizantes. Visita *ResonanceRepatterning.com* > y ve a la pestaña que dice: *HOME STUDY* para información sobre los cursos a distancia y los videos.

- La tienda electrónica Asciende en espiral, tiene el compromiso de proveer productos de alta calidad para ascender en espiral. Cada producto está respaldado personalmente por Chloe Faith Wordsworth quien los utiliza en los seminarios de Resonance Repatterning y en su práctica de Resonance Repatterning.

- Para una lista completa de los productos para ascender en espiral que se utilizan en los seminarios y sesiones de RR y están disponibles en la tienda electrónica Asciende en espiral, visita la página: ***ResonanceRepatterning.com/estore/***

OPCIONES ENERGETIZANTES DE SONIDO

Diapasones de la escala completa – Do, Do#, Re, Re#, Mi, Fa, Fa#, Sol, Sol#, La, La#, Si

Hechos en Alemania de acero inoxidable de la más alta calidad y empacados en una hermosa bolsa de terciopelo con forro de satín, estos doce diapasones conforman la escala occidental completa. Están afinados sobre el tono diatónico: La = 220 Hz. Como opción energetizante para ascender en espiral, puedes escuchar su vibración o utilizar un diapasón o más en o sobre cualquier parte del cuerpo, en un chakra, un punto de un meridiano, un candado de energía de Jin Shin, un punto de reflexología, o la columna. Se le puede dar un golpecito a la horquilla del diapasón y moverlo por diferentes áreas del cuerpo, en particular donde haya tensión, o bien se puede colocar el mango sobre una vértebra o algún punto de acupuntura.

Diapasones planetarios

Sólo por pedido especial – envía un correo electrónico a:
info@ResonanceRepatterning.com

Estos 11 diapasones están afinados matemáticamente sobre las frecuencias de los planetas. Cada planeta tiene una frecuencia específica, asociada con las cualidades específicas del mismo. Cuando en una sesión se necesita la cualidad específica asociada con el Sol, Plutón, Mercurio, Marte, Saturno, Júpiter, la Tierra, Urano, la Luna, Neptuno y Venus, se puede colocar el diapasón correspondiente sobre un área del cuerpo, la columna, o bien algún punto de acupuntura. Para información sobre cómo utilizar las intenciones planetarias, ve ¡ASCIENDE EN ESPIRAL! 127 OPCIONES ENERGETIZANTES PARA REALIZAR TU POTENCIAL AHORA.

Afinador cromático

Puedes bajar una aplicación de un afinador sin costo alguno en tu iPhone. Para quienes deseen reducir a un mínimo su exposición a las Frecuencias Electro-Magnéticas de los celulares, en Amazon pueden adquirir afinadores manuales.

El Afinador cromático se utiliza para identificar rápidamente la nota o notas que necesita entonar una persona. Cada nota (en un rango de una octava) aparece marcada en el afinador. Cuando presionas la tecla correspondiente a una nota, produce el sonido que se necesita entonar. El afinador es pequeño y ligero; lo puedes llevar en la bolsa o bolsillo para utilizarlo dondequiera y cuandoquiera, para "afinar" tus frecuencias.

Códigos cuánticos de sanación™

Visita: scalarheartconnection.com

Los códigos cuánticos de sanación se basan en el descubrimiento que hizo el Dr. Joseph Puleo de una antigua escala de seis notas musicales llamada solfeggio. Hace más de 2,500 años, Pitágoras conocía el significado matemático y geométrico de las frecuencias de estas notas, que también son la base de los cantos gregorianos originales. Los códigos cuánticos de sanación incluyen un CD de notas de frecuencia específicas e intervalos creados por la voz humana que viene acompañado de un manual fascinante de Steven Linsteadt que explica las notas en relación a la geometría sagrada

OPCIONES ENERGETIZANTES DE COLOR Y LUZ

Tarjetas de patrones florales

Estas flores, fotografiadas en la India y en Sudáfrica, representan los patrones que se encuentran en la geometría sagrada. Se dice que las flores son el lenguaje del corazón. Cada flor carga una nota de alta frecuencia única, que el oído humano no puede percibir, pero se asocia con su forma (una manifestación de la geometría sagrada), su fragancia, textura, y color. Las tarjetas de patrones florales alientan un cambio la perspectiva, al ver la luz y la sombra, el color y la forma, la profundidad y la textura. Al enfocar la vista en el patrón floral, se activa el hemisferio cerebral derecho de la imaginación, el sentimiento, la creatividad, la visión global y se recibe un entendimiento de la situación actual por la que estés atravesando.

Tarjetas de patrones geométricos

Los patrones geométricos representan los patrones básicos o estructuras básicas de la creación. Cuando la energía vibra, el movimiento crea patrones que son universales: patrones intrincados como las espirales y los que se ven en el movimiento del agua y las formas de las nubes. Cada patrón de frecuencia, experimentado como una forma, crea coherencia en su propia y singular manera. El juego de 28 tarjetas de los patrones geométricos consiste de seis variaciones del círculo, siete tipos de espirales, once variaciones de los sólidos platónicos y cuatro patrones de "círculos en los campos de cultivo".

Lentes con filtros de color *ColorYourWorld*

Este juego incluye trece pares de filtros, que incluyen los doce colores primarios de Dinshah y los filtros color rosa (y dos marcos de plástico donde se insertan los lentes). Cada filtro de color tiene una frecuencia específica y está hecho de gel de la marca Roscolone, como lo recomienda la Asociación de la Salud Dinshaw (Dinshah Health Society). Usar los lentes con filtros de color *ColorYourWorld* durante una TPR o como una opción energetizante para ascender en espiral, permite que frecuencias específicas de color entren en el campo energético del cerebro y del cuerpo, lo cual frecuentemente resulta en un profundo cambio de perspectiva, en un mayor entendimiento del asunto que se esté trabajando y en una sensación de bienestar. Muchas personas utilizan los lentes *ColorYourWorld* para afinar su energía o liberar estrés, tensión y depresión.

Lámpara *ColorYourWorld* con 13 minifiltros de gel de color y con figuras geométrica y símbolos de los chakras

La lámpara con filtros de color viene en un estuche que incluye un cristal de cuarzo natural transparente con su montadura de plata, una lámpara Mag-Lite con un capuchón flexible para sostener el cristal y el filtro en su lugar y un juego de 13 filtros de color hechos de gel marca Roscolone. Se utilizan el color y la luz para activar y equilibrar el campo energético a través de enfocar sobre puntos específicos de Jin Shin, los huesos craneales, los puntos Mu de acupuntura, los chakras, los puntos en los meridianos y otras áreas del cuerpo. También incluye un librito con microfiltros de gel con figuras geométricas y símbolos en sánscrito para utilizar con la lámpara *CYW* y los filtros de color.

Mascadas de seda y mascadas grandes de algodón con los colores de los chakras y los cinco elementos
Un juego de nueve mascadas en los colores de los chakras: rojo, naranja, amarillo, verde, turquesa, azul índigo, y morado, además de rosa claro y blanco. Están hechas de gasa de seda para envolverse en el cuello o ser usadas en una sesión de Resonance Repatterning cuando se necesita un color de los chakras o de los cinco elementos de la acupuntura. Se utilizan las mascadas grandes de algodón con los bordes dorados y símbolos dorados para proporcionar colores que estimulan el cerebro en un consultorio o seminario. ***Las mascadas grandes de algodón se consiguen por pedido especial, enviar un correo electrónico a: info****@ResonanceRepatterning.com*

OPCIONES ENERGETIZANTES DE IMANES DEL POLO NORTE NEGATIVO
El **tranquilizante** es un imán de polo norte negativo de cinco centímetros de diámetro que penetra varios centímetros y se le recomienda para aliviar áreas específicas de dolor y tensión. También se puede aplicar a puntos de acupuntura, a puntos de Jin Shin, y a los huesos del cráneo.

El **bloque de cerámica** es un imán de polo norte negativo de 15 cm x 10 cm x 1.2 cm y penetra 15 centímetros. Se le utiliza para aflicciones que involucran al hígado, el bazo y los riñones. También se le puede colocar en la nuca para estimular la producción de melatonina. El doctor Philpott, reconocido investigador de los imanes de polo norte negativo, utilizaba este imán para casos de cáncer y de dolor en áreas profundas del cuerpo.

El **imán flexible** es igual que el bloque de cerámica, pero es suave y flexible y se amolda a las articulaciones y demás áreas del cuerpo.

La **mascarilla magnética** es una forma poderosa de activar la energía del polo norte negativo en la retina de los ojos, la glándula pineal y las paredes del intestino, que son las únicas áreas en el cuerpo que producen melatonina. Para más información, *ve el libro de* TU VISTA/VISIÓN

El **cojín magnético** es para mantener tu energía cuando se sientas o reclinas contra él, sobre todo en viaje largos o cuando pasas mucho tiempo sentado/a. También lo puedes utilizar como almohada, o bien si tienes problemas estomacales o de espalda, puedes colocar el cojín magnético sobre el abdomen o bien acostarte sobre de él. Si te duele la cadera, prueba recostarte de lado sobre el cojín magnético.

CARTELES Y GUÍAS ENMICADAS

La guía de empoderamiento diario

Los tres tesoros y las cinco esencias que se utiliza en el seminario *El desarrollo interior a través de los doce meridianos*

Pedido especial, envía un correo a: info@ResonanceRepatterning.com

La tabla de los chakras y la tabla de las cualidades de los cinco elementos

Para comprar estos productos para ascender en espiral, carteles del Mandala y del punto de elección, así como los libros de Resonance Repatterning, visita: ResonanceRepatterning.com/estore/

ACERCA DE LA AUTORA

Chloe Faith Wordsworth creó y desarrolló el sistema de Resonance Repatterning® y es la autora de nueve libros que delinean el método de Resonance Repatterning.

Además es la autora de ASCIENDE EN ESPIRAL! 127 OPCIONES ENERGETIZANTES PARA REALIZAR TU POTENCIAL AHORA, la serie VIVIR EN SINTONÍA y UN SISTEMA PARA EL CAMBIO CUÁNTICO.

Para obtener los libros de Chloe Faith Wordsworth, visita *amazon.com*

En 2021, Chloe Wordsworth cedió la propiedad del Instituto de Resonance Repatterning, actualmente llamado Instituto Internacional de Resonance Repatterning.

Para información sobre facilitadores de RR, seminarios, productos de la tienda electrónica Spiral Up e-store, los programas de radio por internet Vivir en Sintonía y los videos para estudiar a distancia, visita: *ResonanceRepatterning.com* y las organizaciones que aparecen en los Directorios de facilitadores de RR.

RECONOCIMIENTOS

Quisiera agradecer a Ardis Ozborn, una de las primeras maestras de *Resonance Repatterning*, por haberme inspirado y animado a escribir este libro para un seminario inicial de un día de *Resonance Repatterning®* – conocido anteriormente como *Holographic Repatterning®*. Agradezco todas las conversaciones que hemos tenido a través de los años, su apoyo, sus incalculables aportaciones al programa de entrenamiento para maestros y, su amistad.

Mi agradecimiento, también, a Karina Bourcart – la dinámica maestra de *Resonance Repatterning*, quien lo llevó a México, España y Latinoamérica – por lo que hemos compartidojuntas en México y por su lluvia de ideas creativas sobre cómo dividir los conceptos e información en pequeños bocados para facilitar el aprendizaje; por ayudarme en el proceso de crear un sistema más consistente en los formatos de los manuales para los seminarios; por su intensa retroalimentación en la edición anterior a este libro; por su pasión por *Resonance Repatterning* y, por su amor.

Gracias a James L. Oschman, físico y autor de *Energy Medicine: The Scientific Basis* y *Energy Medicine in Therapeutics and Human Performance*, quien ha sido tan generoso con su tiempo, sus pensamientos y su apoyo hacia *Resonance Repatterning.*

Agradezco inmensamente al equipo de facilitadoras y maestras de *Resonance Repatterning,* cuyas sugerencias hacia la primera edición me fueron tan útiles: Michelle Bongiorno, Karina Bourcart, Stacey Coates, Lori Forsyth, Ardis Ozborn y Joan Rood. Particularmente, quisiera agradecer a Maggie Honton por su detallada corrección del texto y por haber editado la edición previa a ésta y, a Victoria Benoit por la corrección de las ediciones anteriores. Gracias, también, a los maestros de *Resonance Repatterning,* que asistieron al seminario experimental y me dieron retroalimentación.

Muchas gracias a Roman Yaworksy por haber elaborado el diseño original del Mandala de *Resonance Repatterning*; a Michelle Bongiorno por su idea de crear un resumen de la Guía Diaria para Manifestar tu Poder; a Carla ElDorado por escucharme mientras escribía este libro, por haber creado los gráficos para los manuales y por haber acondicionado los manuscritos de las ediciones anteriores para su impresión; a Anthea Guinness por la edición, corrección de estilo y su ayuda en el diseño de la edición 2010 y, por haber hecho que este libro tenga un nuevo nivel total de coherencia. Y, a Carol White por haberle dado estilo y haber diseñado la hermosa edición del 2010.

Mi continuo agradecimiento a la comunidad de *Resonance Repatterning* – gente que usa y cree en este sistema para crear un cambio positivo en sus vidas y en las de otros. En particular, muchas gracias a todos aquellos que han apoyado a *Resonance Repatterning* en su desarrollo: nuestros maestros de ahora y del pasado, la Asociación no lucrativa de Facilitadores de *Repatterning* y, a los facilitadores certificados y alumnos.

Tengo una deuda de gratitud hacia mis primeros maestros en las artes curativas: el doctor Randolph Stone, quien creó la Terapia de la Polaridad; al profesor J. R. Worsley y los maestros del *Traditional Acupuncture Institute*; al doctor Paul Dennison y Gail Dennison, a través de los cuales conocí el concepto de la integración de los hemisferios cerebrales; a Patti Steurer, quien me introdujo al método 'Balance', que me inspiró a poner un nuevo orden en mis conocimientos referentes al cuidado de la salud; y a Sharry Edwards, cuyo entrenamiento preliminar en el sonido estimuló mi interés en los patrones de frecuencias. También me gustaría incluir a todos ellos con quienes he estudiado y conversado en los últimos treinta años, demasiados para mencionarlos, pero que han tenido un gran impacto en mi trabajo y cuyas ideas, de una manera o de otra, se ven reflejadas en el sistema de *Resonance Repatterning®*.

Mi profundo amor y gratitud a mis padres, John y Karis Guinness, cuyos valores han formado los cimientos del anhelo de mi vida: enseñar a la gente cómo sanarse por sí misma. Y agradezco tanto a mis hermanas, Lindis Guinness y Anthea Guinness, por el amor que compartimos entre nosotras y por *Resonance Repatterning,* por el mutuo apoyo que nuestra presencia ha significado.

Finalmente, y la más importante, mi constante gratitud a mi maestro espiritual y a su sucesor. Tanto su ejemplo, como sus principios espirituales, siguen siendo mi ideal mientras recorro el camino de esta vida.

Made in the USA
Las Vegas, NV
17 March 2026

43787543R00063